新闻直通车

高级汉语新闻阅读教程

（上）

Advanced Chinese News Reading Course（I）

于洁　刘丽萍　夏可心　编著

北京语言大学出版社
BEIJING LANGUAGE AND CULTURE UNIVERSITY PRESS

图书在版编目（CIP）数据

高级汉语新闻阅读教程．上 / 于洁，刘丽萍，夏可心编著．-- 北京 ：北京语言大学出版社，2022.1（2025.9 重印）
（新闻直通车）
ISBN 978-7-5619-5987-9

Ⅰ．①高…　Ⅱ．①于…　②刘…　③夏…　Ⅲ．①汉语－阅读教学－对外汉语教学－教材　Ⅳ．① H195.4

中国版本图书馆 CIP 数据核字（2021）第 219733 号

新闻直通车——高级汉语新闻阅读教程（上）
XINWEN ZHITONGCHE —— GAOJI HANYU XINWEN YUEDU JIAOCHENG（SHANG）

排版制作：北京创艺涵文化发展有限公司
责任印制：邝　天

出版发行：北京语言大学出版社
社　　址：北京市海淀区学院路 15 号，100083
网　　址：www.blcup.com
电子信箱：service@blcup.com
电　　话：编 辑 部　8610-82303647/3592/3395
　　　　　国内发行　8610-82303650/3591/3648
　　　　　海外发行　8610-82303365/3080/3668
　　　　　北语书店　8610-82303653
　　　　　网购咨询　8610-82303908
印　　刷：北京富资园科技发展有限公司

版　　次：2022 年 1 月第 1 版　　印　　次：2025 年 9 月第 4 次印刷
开　　本：787 毫米 × 1092 毫米 1/16　　印　　张：8.5
字　　数：133 千字
定　　价：48.00 元

PRINTED IN CHINA
凡有印装质量问题，本社负责调换。售后 QQ 号 1367565611，电话 010-82303590

前言

《新闻直通车——高级汉语新闻阅读教程》（以下简称《阅读教程》）是供高级水平的汉语学习者使用的新闻阅读教材，也可供具有同等汉语水平的人自学使用。该教材旨在培养学习者阅读中文新闻的能力，使其在学习、生活或工作中能从中文新闻中获得所需要的各种信息。

编写原则

1. 语言技能与国情知识相结合。汉语新闻课既是语言技能课，又是传递中国国情的文化知识课。《阅读教程》一方面注重语言知识的学习、阅读技能的训练，另一方面也注重中国国情知识的介绍，使学习者能够在提高新闻阅读技能的同时，深入了解当下的中国国情。

2. 精读与泛读相结合。精读要求学习者掌握常见的新闻词汇以及常用的表达结构，尤其是要加强准确把握新闻语段的能力；泛读则要求学习者学会跳读、抓重点，力求在有限的时间内获取更多的有效信息。《阅读教程》中每课的主课文为精读新闻，课后练习以选择、判断、回答问题为主，对学习者词义、句义、段义三个层次的阅读效果进行有针对性的检验；“延伸阅读”为泛读新闻，练习以判断和回答问题为主，主要考查学习者对新闻大意的理解程度。

3. 时效性与稳定性相结合。新闻时效性与教材稳定性存在一定的矛盾，为了有效调和这一矛盾，《阅读教程》做了以下两方面的努力：一是在新闻选编上更加注重对典型新闻的选取，使学习者牢牢掌握这一类新闻的常用词汇与新闻结构，便于其在课后阅读时做到“举一反三”；二是在教材体例设计上，“延伸阅读”给教师提供了一定的自由度，教师可以根据教学需要将其替换为时文，以弥补教材随着时间推移而时效性不断减弱的不足。

教材体例

本教材以新闻专题为纲，涉及的话题包括：语言文字、移动支付、传统文化、女性地位、“一带一路”、气候变化、生活消费、海归、“90 后”、农民工、经典阅读、大学生就业、休闲运动、中国交通、中国制造、人工智能、养老、幸福感、婚恋观等，力图全方位多层次反映当代中国面貌。

每一课按照新闻背景、学习目标、热身、课文、生词、注释、新闻常见结构、练习、延伸阅读的顺序来编排。课后练习以针对性、有效性为原则，采用判断正误、选择答案、回答问题等形式检查学生的阅读理解能力，巩固所学知识。此外，教材还附有生词索引及练习参考答案，以方便学习者学习。

教材特点

1. 系统性

《阅读教程》从内容和词汇两方面对同层次综合课及其他语言技能课起到有益的延伸和补充作用。在新闻课程体系内部,《阅读教程》是《新闻直通车——高级汉语视听教程》(以下简称《视听教程》) 的姊妹篇，两者不仅在专题单元的设置上保持了高度的一致性，而且在新闻选编上也尽量保持一致。可以说,《阅读教程》是《视听教程》的文字呈现,《视听教程》是《阅读教程》的视听体验，两部教材相辅相成，相得益彰。从语言技能的训练来看,《阅读教程》与《视听教程》分别从阅读与视听两个角度强化对学习者的汉语信息输入，若同时学习，必能事半功倍。

2. 实用性

教材的实用性主要体现在“教”与“学”两个方面。从“教”的角度看,《阅读教程》具有很强的操作性，授课教师只需根据教材中的环节说明按顺序展开教学即可。比如，“新闻背景”“热身”环节，既有助于教师展开教学，也有助于学习者快速了解相关背景知识，以更好地进入课堂学习。从“学”的角度来看，由于《阅读教程》在素材选取上根据新闻话题最大程度地挑选出相关常用词汇与常见结构，因此，学习者可以通过学习熟练掌握该新闻话题的常见词汇与结构。

3. 时效性

时效性被视作新闻的生命。对于新闻教材来说，时效性不仅决定着教材的生命力，也是引起学习者兴趣的重要因素。《阅读教程》共选用新闻 40 篇，其中，2016 年至 2021 年的文章共 36 篇，占全部选文的 90%，既充分体现出了新闻的生命价值，又能帮助学习者了解中国的最新国情。

4. 全面性

全面性是指《阅读教程》所涵盖的新闻专题较为全面。教材共设 20 个专题，40 篇新闻，涵盖中国经济、文化、科技、交通、体育、就业、养老、婚恋等各个方面的内容。

使用建议

本教材由上下两册构成，可供本科三年级留学生或高级水平学生一学年教学使用。每个专题用时 6 课时，其中主课文 4 课时，延伸阅读 2 课时。另外，教师亦可以根据教学需要将“延伸阅读”的文章替换为最新新闻，以求做到与时俱进。

本教材编写分工如下：

于洁：第六课、第七课、第九课、第十课、第十一课、第十二课、第十五课、第十七课、第十八课、第二十课

刘丽萍：第二课、第三课、第五课、第十四课、第十六课、第十九课

夏可心：第一课、第四课、第八课、第十三课

本教材的编写得到了北京语言大学汉语学院的大力支持，尤其是刘谦功、龚常庚、肖立、尹小钢等老师为教材编写提供了宝贵的意见。

教材编写前，我们已经努力联系到了每篇新闻稿的负责机构或作者本人，但由于时间有限，尚有个别新闻稿仍未联系到作者，因此，请尚未取得联系的作者看到本教材后及时跟编者联系版权问题，真诚希望得到您的支持！另外，由于教学需要，本教材对选用的某些文章进行了适当的删改，在此谨请作者谅解。

编者

2021 年

目 录

第一课　这些年，我们“出口”的汉语词汇

新闻背景

近些年来，随着中国经济的发展和中西文化交流的增多，不少汉语词汇被英语吸收，并正式收录进英文词典中。这些词汇是汉英两种语言接触的结果，也是中外文化交流的体现。

学习目标

1. 话题相关词汇：渊源、借词、词汇系统、通用词汇、音译、意译、音意合译、词缀、直译、通用程度、使用频率、语言接触、文化融合、输出
2. 新闻常见结构：……认为，产生这一现象主要有三个原因。第一，……；第二，……；第三，……。归根到底，……。

热身

1. 你知道哪些汉语新词语？
2. 你知道英语中的哪些词语来自汉语？

课文

这些年，我们“出口”的汉语词汇

在日常生活中，许多汉语借词已经在英语词汇系统中占据了一席之地，成为其不可或缺的组成部分。

种类繁多的汉语借词

“ganbu（干部）、guanxi（关系）等词多年以前就正式进入了《牛津英语词典》；tofu（豆腐）、Peking duck（北京烤鸭）、chow mein（炒面）已进入了外国人的日常生活用语；cheng-guan（城管）、dia（嗲）等词也在英语中产生了一定影响。”南开大学汉语言文化学院的冉启斌副教授介绍说。

实际上，英语中各类汉语借词不断涌现。中国历史文化方面，“Confucius（孔子）、Laozi（老子）、Tao（道 / 道教）、*Tao Te Ching*（《道德经》）、fengshui（风水）、Mandarin（官话）”等词语已经进入到英语的日常词汇中。文体娱乐方面，“kongfu（功夫）、Tai Chi（太极）”等词更是随着中国功夫电影的传播而广为人知。政治经济方面，“lianghui（两会）”一词是由美国有线电视新闻网（CNN）最早带头使用的，渐渐地，这个词成为了各大国际媒体的通用词汇；我国的货币单位“jiao（角）”和“yuan（元）”也已被收入英语词典。有趣的是，“yuan”这个词在英语中又经历了词义范围扩大的过程，现在，“yuan”还可以用来泛指“钱（money）”。

汉语词语的“英化”过程

其实，汉语词语进入英语词汇系统，或多或少都需要经过一定的“英化”改造。改造方式有音译、意译、音意合译和音译加词缀。例如，汉语拼音“taikong（太空）”和希腊词“nautēs（航行者）”组成的英语单词“taikonaut（太空人）”，主要用来指中国航天员，现已收录进《牛津英语词典》中。而最先由海外华人创造的中式英语“long time no see（好久不见）”，采用了直译的方式，如今这个短语已经成为英美国家不少人打招呼的常用语。

同时，汉语词汇进入权威英语词典也需要经过一定的审核。“所有词语被收录于词典之中时，都要考虑它们的通用程度和使用频率。”牛津大学出版社双语词典项目经理朱莉·克里曼在接受采访时表示，将外来词加入词典的时候，通常要考虑多种因素，“形象化地说，就是要看母语为英语的人能否十分自然地去使用这些词汇，‘外来语’的感觉是否在逐渐弱化。如果一个词被媒体广泛使用，而不仅仅是出现在某篇报道之中，我们肯定会考虑收录它。另外，将汉语词汇纳入英语词典时，还需要考虑这些词语的直观程度，像'guanxi（关系）''hukou（户口）'这样的词语在我们看来就挺直观的。"

如今，越来越多的汉语流行词汇有可能被收录在英语词典之中。像"maotai（茅台）""Peking opera（京剧）"这些词语在母语为汉语的群体中有着相当的影响力，那么，它们"出口"后，在英语中也能有那么大的影响力吗？这还有待进一步的观察。

汉语成英语新词最大来源

总部设在美国得克萨斯州的"全球语言监督机构"发布报告称，自1994年以来，加入英语的新词汇中，"中文借用词"数量独占鳌头，以5%～20%的比例超过任何其他语言来源。该机构主席帕亚克表示："令人惊讶的是，由于中国经济增长的影响，中文对国际英语的冲击比英语国家还大。"

华中师范大学语言与语言教育研究中心姚双云教授认为，产生这一现象主要有三个原因。第一，英语开放度高，包容性强，借词庞杂；第二，科学技术的迅猛发展和文化交流的日益频繁，必然推动各种语言间的词语借用；第三，汉语国际地位日益提高，对英语的影响力日益增强，这也是最重要的一点。归根到底，汉语词汇的大量"出口"，其深层原因是中国在全球影响力的提升和关注度的提高。

中山大学周海中教授认为，以汉语为来源的英语词语是汉英两种语言接触的必然产物，也是中西文化融合的必然结果；随着中华民族与英语民族的交流交往日益频繁，来自汉语的英语词语及表达方式必然会越来越多。

目前，国内的汉语言学界对于来自英语或其他语言的借词研究颇多，而对于汉语词汇的输出现象研究较少。近年来，国人中文母语意识的提升、席卷全球的"汉语热"、网络上来自中国的各种新闻热点都在提醒着我们，应该开始更多地关注和探讨汉语词汇输出这个文化现象了。

（1549字，有删节）

（选自《人民日报》海外版2013年12月2日第5版，作者：于国宁）

生词

1. 借词　jiècí　（名）从另一种语言中吸收过来的词。
2. 一席之地　yìxízhīdì　指极小的一块地方或一定的位置。
3. 不可或缺　bùkě-huòquē　不能有一点点缺失（或：稍微；略微）。
4. 广为人知　guǎng wéi rén zhī　广泛被人们所知道和了解。
5. 通用　tōngyòng　（动）普遍使用。
6. 货币　huòbì　（名）可以购买任何别的商品的特殊商品。
7. 音译　yīnyì　（动）用相同或相似的语音翻译外语中的词语。如：“sofa”译成“沙发”。
8. 意译　yìyì　（动）根据词语的意义翻译外语中的词语。
9. 直译　zhíyì　（动）按照原文把外语的句子直接翻译出来。
10. 审核　shěnhé　（动）检查核对，确定是否通过。
11. 频率　pínlǜ　（名）在单位时间内某种事情发生的次数。
12. 母语　mǔyǔ　（名）一个人最初学会的语言。
13. 弱化　ruòhuà　（动）变弱；使变弱。如：～负面影响。
14. 独占鳌头　dúzhàn-áotóu　居首位或第一名。
15. 包容　bāoróng　（动）宽容。如：大度～
16. 频繁　pínfán　（形）次数多。如：交往～。
17. 归根到底　guīgēn-dàodǐ　归结到根本上。
18. 接触　jiēchù　（动）挨上；碰着；接近并发生交往。
19. 融合　rónghé　（动）几种不同的事物合成一体。如：文化～。
20. 输出　shūchū　（动）从一个国家到另外一个国家。如：文化～。
21. 席卷　xíjuǎn　（动）像卷席子一样把东西全都卷进去。如：工业革命～全球。

新闻常见结构

……认为，产生这一现象主要有三个原因。第一，……；第二，……；第三，……。归根到底，……。

华中师范大学语言与语言教育研究中心姚双云教授认为，产生这一现象主要有三个原因。第一，英语开放度高，包容性强，借词庞杂；第二，科学技术的迅猛发展和文化交流的日益频繁，必然推动各种语言间的词语借用；第三，汉语国际地位日益提高，对英语的影响力日益增强，这也是最重要的一点。归根到底，汉语词汇的大量“出口”，其深层原因是中国在全球影响力的提升和关注度的提高。

解析：

该新闻结构主要用于分析产生某一现象的原因。当原因不止一个的时候，可以用“第一，……；第二，……；第三，……”来表达，“归根到底”放在最后，用于对产生该现象的根源性原因进行深层分析。

这一段新闻先列举姚双云教授提出的产生“汉语成为英语新词最大来源”这一现象的三个原因，然后使用“归根到底”进一步阐明了该现象的根本性原因——“中国在全球影响力的提升和关注度的提高”。总的来说，本段采用表层原因分析与深层原因探讨相结合的方式，对“汉语成为英语新词最大来源”这一现象的产生原因进行了阐释。

练习

一、猜测词义

1. 在日常生活中，许多汉语借词已经在英语词汇系统中占据了**一席之地**，成为其不可或缺的组成部分。（　　）

   A. 一定的位置　　B. 第一的位置　　C. 中间的位置　　D. 所有的位置

2. 在日常生活中，许多汉语借词已经在英语词汇系统中占据了一席之地，成为其**不可或缺**的组成部分。（　　）

   A. 可能缺少　　B. 可有可无　　C. 不能缺少　　D. 应该缺少

3. 文体娱乐方面，“kongfu（功夫）、Tai Chi（太极）”等词更是随着中国功夫电影的传播而**广为人知**。（　　）

A. 没有几个人知道　　B. 被很多人知道

C. 被有些人知道　　D. 大家都不知道

4. 渐渐地，这个词成为了各大国际媒体的**通用**词汇。（　　）

A. 有时使用　　B. 偶尔使用　　C. 普遍使用　　D. 常常使用

5. 汉语词汇进入权威英语词典也需要经过一定的**审核**。（　　）

A. 观察　　B. 发现　　C. 等待　　D. 检查核对

6. 所有词语被收录于词典之中时，都要考虑它们的通用程度和使用**频率**。（　　）

A. 方式　　B. 次数　　C. 场合　　D. 情况

7. 自 1994 年以来，加入英语的新词汇中，‘中文借用词’数量**独占鳌头**，以 5%～20% 的比例超过任何其他语言来源。（　　）

A. 占小部分　　B. 占大部分　　C. 占优势　　D. 占第一位

8. 科学技术的迅猛发展和文化交流的日益**频繁**，必然推动各种语言间的词语借用。（　　）

A. 程度深　　B. 范围广　　C. 次数多　　D. 速度快

9. **归根到底**，汉语词汇的大量“出口”，其深层原因是中国在全球影响力的提升和关注度的提高。（　　）

A. 老实说　　B. 说到底　　C. 看起来　　D. 由此可见

10. 以汉语为来源的英语词语是汉英两种语言接触的必然产物，也是中西文化**融合**的必然结果。（　　）

A. 结合在一起　　B. 完全符合　　C. 互相学习　　D. 彼此发展

二、根据课文内容，判断正误

1. 汉语出现了大量来自英语的借词，包括历史文化类、文体娱乐类、政治经济类的词语。（　　）
2. 中国功夫电影的传播使得“kongfu、Tai Chi”这两个词被大家所知道。（　　）
3. “lianghui”已经逐渐成为各大国际媒体广泛使用的词汇。（　　）
4. “yuan”这个词来自汉语，它在英语中仅指人民币的单位。（　　）
5. 汉语词语进入英语词汇只有三种翻译方式：音译、意译和音意合译。（　　）
6. “taikonaut”原本是由英语和希腊语的词语组合而成的。（　　）

7.“long time no see”是用直译的方式将中文翻译成英文的结果。（　　）

8. 1994 年以来，在加入英语的新词汇中，“中文借用词”的数量占第一位。（　　）

9. 各种语言间词语的借用与科技发展和文化交流有关。（　　）

10. 目前国内汉语言学界对英语或其他语言中汉语借词的研究很多。（　　）

三、阅读课文段落，选择正确答案

1. 实际上，英语中各类汉语借词不断涌现。中国历史文化方面，“Confucius（孔子）、Laozi（老子）、Tao（道 / 道教）、*Tao Te Ching*（《道德经》）、fengshui（风水）、Mandarin（官话）”等词语已经进入到英语的日常词汇中。文体娱乐方面，“kongfu（功夫）、Tai Chi（太极）”等词更是随着中国功夫电影的传播而广为人知。政治经济方面，“lianghui（两会）”一词是由美国有线电视新闻网（CNN）最早带头使用的，渐渐地，这个词成为了各大国际媒体的通用词汇；我国的货币单位“jiao（角）”和“yuan（元）”也已被收入英语词典。有趣的是，“yuan”这个词在英语中又经历了词义范围扩大的过程，现在，“yuan”还可以用来泛指“钱（money）”。

问：下列哪一句最能概括这段话的主要内容？（　　）

A. 代表中国历史文化的汉语词语已经进入到英语的日常词汇中

B. 文体娱乐方面的汉语词语随着中国功夫电影的传播而广为人知

C. 政治经济方面的汉语词语渐渐成为各大国际媒体的通用词汇

D. 在英语中，各类汉语借词不断涌现

2. 其实，汉语词语进入英语词汇系统，或多或少都需要经过一定的“英化”改造。改造方式有音译、意译、音意合译和音译加词缀。例如，汉语拼音“taikong（太空）”和希腊词“nautēs（航行者）”组成的英语单词“taikonaut（太空人）”，主要用来指中国航天员，现已收录进《牛津英语词典》中。而最先由海外华人创造的中式英语“long time no see（好久不见）”，采用了直译的方式，如今这个短语已经成为英美国家不少人打招呼的常用语。

问：这段话主要讨论的是什么？（　　）

A. 两个汉语词语是怎么进入英语词汇系统的

B. 汉语词汇和英语词汇是如何互相影响的

C. 汉语词语进入英语词汇系统的几种改造方式

D. 海外华人创造的中式英语对英美人打招呼的影响

3. 汉语词汇进入权威英语词典也需要经过一定的审核。“所有词语被收录于词典之中时，都要考虑它们的通用程度和使用频率。”牛津大学出版社双语词典项目经理朱莉·克里曼在接受采访时表示，将外来词加入词典的时候，通常要考虑多种因素，“形象化地说，就是要看母语为英语的人能否十分自然地去使用这些词汇，‘外来语’的感觉是否在逐渐弱化。如果一个词被媒体广泛使用，而不仅仅是出现在某篇报道之中，我们肯定会考虑收录它。另外，将汉语词汇纳入英语词典时，还需要考虑这些词语的直观程度，像‘guanxi（关系）’‘hukou（户口）’这样的词语在我们看来就挺直观的。”

问：下列哪一句话最能概括这段话的主要内容？（　　）

A. 汉语词汇进入权威英语词典时不需要审核

B. 将外来词加入词典的时候，需要考虑多种因素

C. 母语为英语的人怎样学会十分自然地使用外来词

D. 只有被媒体广泛使用的外来词语才会被词典收录

4. 汉语成为英语新词的重要来源主要有三个原因。第一，英语开放度高，包容性强，借词庞杂；第二，科学技术的迅猛发展和文化交流的日益频繁，必然推动各种语言间的词语借用；第三，汉语国际地位日益提高，对英语的影响力日益增强，这也是最重要的一点。归根到底，汉语词汇的大量“出口”，其深层原因是中国在全球影响力的提升和关注度的提高。

问：下列哪一句最能概括这段话的主要内容？（　　）

A. 汉语成为英语新词重要来源的原因

B. 英语具有很高的开放性和很强的包容性

C. 科学技术的发展推动了语言之间词语的借用

D. 中国在全球影响力的提升和关注度的提高

5. 目前，国内的汉语言学界对于来自英语或其他语言的借词研究颇多，而对于汉语词汇的输出现象研究较少。近年来，国人中文母语意识的提升、席卷全球的“汉语热”、网络上来自中国的各种新闻热点都在提醒着我们，应该开始更多地关注和探讨汉语词汇输出这个文化现象了。

问：作者在这段文字中强调了什么？（　　）

A. 国内汉语言学界对于来自英语或其他语言的借词研究颇多

B. 国内汉语言学界对于汉语词汇的输出现象研究较少
C. 国人中文母语意识的提升和席卷全球的“汉语热”
D. 应该开始更多地关注和探讨汉语词汇输出这个文化现象

延伸阅读

网络流行语是一把双刃剑

——访教育部语言文字应用管理司司长姚喜双

记　者：年末的各类汉语盘点，让我们看到了网络流行语的鲜活生命力；与此同时，也有诸多名家对一些低俗、庸俗（yōngsú）的词汇表示反感甚至痛恨。您认为应当怎样看待网络流行语现象？

姚喜双：互联网的持续繁荣发展，尤其是社交媒体形式的不断更新，为网络流行语的创造、传播提供了平台。一些网络流行语因其简洁、形象、生动的特点，深入人们的网络生活，并已逐步发展至线下，成为日常用语的一部分。这不仅丰富了网络语言自身，也丰富了汉语言的表现形式，如“给力”“蛮拼的”“点赞”等，都很接地气。

当然，伴随着网络语言井喷式的增长，出现了一些不规范、不健康的网络用语，如“人艰不拆”“喜大普奔”等生造晦涩（huìsè）的词，“屌（diǎo）丝”等低俗的词。这不仅对网络语言自身，更对社会语言生活产生了不良影响。

网络流行语是一把双刃剑，我们应抱以辩证的态度，既充分认识其对丰富语言发展所起的积极作用，也要看到其不规范、不健康的一面。对于其使用，同样是既不能“一棍子打死”，也不能放任自流，应按照网络语言的发展规律，趋利避害，加以正确引导。

记　者：语言作为社会交流的工具和文化的载体，有规范化、标准化的要求，那么网络语言的底线和边界在哪里？

姚喜双：规范使用网络语言，应首先考虑网络语言不同层级的特点。网络语言是一个复杂系统，大致可以分为三个层次：一是“给力、点赞、接地气、正能量”等词语，很大程度上丰富了汉语词汇系统，其使用应得到支持，如“给力”已被收入《现代汉语词典》(第6版)；二是“人艰不拆、喜大普奔、童鞋”等词，表义晦涩，缺乏规范，不提倡在公共场合、大众媒体中使用；三是“屌丝”等词品位低俗粗鄙，会对汉语系统造成破坏性影响，应予禁用。总之，网络语言使用不仅要符合现代汉语的规范标准，符合汉语语音、词汇、语法的基本规则，而且要健康向上，不低俗。

此外，规范使用网络语言，还应考虑其不同使用范围。在公众场合，特别是传统媒体中，要杜绝出现不规范、不健康的网络语言，以更好发挥其示范作用。在社会语言生活和网络空间，特别是私人交际场合，网络语言的使用边界略宽，应更多从引导的视角出发加强宣传。

记　者：国家语委[①]在引导网络、手机等新媒体规范使用语言文字方面有哪些具体的措施？

姚喜双：教育部、国家语委注重加强顶层设计，在《国家中长期语言文字事业改革和发展规划纲要（2012—2020年）》《国家语言文字事业"十三五"发展规划》中，将"语言文字规范化建设"作为头条列入"重点工作"，提出要引导网络、手机等新媒体规范使用语言文字，纠正语言文字使用不规范的现象，引导社会语言生活健康发展。目前，我们正组织专家会同有关部门研究网络用语的分类及推荐用语规范。同时注重完善法律法规，加强依法监管。2013年以来，我们开展了《〈国家通用语言文字法〉实施办法》研制调研工作，召开网络监管部门、语言文字专家、网络运营商、教师代表等参加的网络语言文字使用专题研讨会，为立法做充分准备。2016年，我们依法启动了语言文字督导评估工作，进一步加大对网络、手机等新媒体语言文字规范使用的监管，尤其是加大对政府网站的监管力度。

学校教育是加强规范使用语言文字的主阵地。我们从教材、课程设置、课堂教学等方面正本清源，加强规范，以"教"促"学"，以课堂辐射课外。我们还与中央广播电视总台联合举办并将继续举办"中国汉字听写大会""中国成语大会""中国诗词大会"，开展中华经典诵写讲行动、书法名家进校园等活动，引导青少年亲近传承中华优秀传统文化。同时，在高考中提出了"笔试一律用国家通用语言文字答题"的明确要求。

此外，国家语委委托北京大学、中国传媒大学等相关高校开展监测研究，对网络语言使用发展变化、政府网站语言文字使用情况等进行专题研究。

记　者：语言使用具有基础性、社会性和全民性特点。如何通过跨部门、跨行业的协作，净化语言生态，规范网络用语？

姚喜双：语言文字工作涉及方方面面，事关长远未来，必须从战略和全局的高度，加强组织协调，全面谋划推进。应充分发挥29家国家语委委员单位的作用，加强对网络语言生态的监测研究和规范引导，促进语言文字健康发展。

具体而言，一是创新监管政策，根据当前社会语言生活面临的新挑战，继续组织开展《〈国家通用语言文字法〉实施办法》研制调研和起草工作，使网络语言文字规范化工作有法可依。二是兼顾协调现实语言生活和虚拟语言生活两大空间，我们将联合国家新闻出版广电总局等部门加强对国家机关、学校、新闻出版、广播影视和公共服务行业等重点领域语言文字使用的监管；将联合中宣部、中央网信办等部门出台相关政策文件，加大对网络空间语言使用的监管力度。三是坚持绿色发展，及时掌握网络空间的语言生活动态，根据语言发展规律，分层分类管理网络语言生活。四是坚持开放发展，加强对语言生活的治理，规范低俗不健康的语言使用，积极向世界传递中国好声音。五是坚持共享发展，“网络空间是亿万民众共同的精神家园”，只有加大对网络空间语言使用的治理，营造风清气正的语言环境，才能使亿万民众共享一片语言文明的蓝天。

（2069字，有删节）

（选自《光明日报》2017年1月6日第5版，记者：柴如瑾）

注释：

①国家语委

全称为国家语言文字工作委员会，主要职责为拟定国家语言文字工作的方针、政策，制订语言文字工作中长期规划，制定汉语和少数民族语言文字规范和标准并组织协调监督检查，指导推广普通话工作和普通话师资培训工作。

阅读短文，回答问题

1. 什么是“双刃剑”？如何理解“网络流行语是一把双刃剑”？

____

____

2. 姚喜双认为哪些网络词语是值得肯定的？哪些是对社会语言生活产生不良影响的？请举例说明。

____

____

3. 对于网络流行语，姚喜双认为应该采取辩证的态度。你如何理解这里的“辩证”一词？

____

____

4. “对于其使用，同样是既不能‘一棒子打死’，也不能放任自流”，其中，“一棒子打死”和“放任自流”是什么意思？

____

____

5. 姚喜双认为，网络语言可以分为哪三个层次？

____

____

6. 在传统媒体中，是否可以出现不规范、不健康的网络语言？

____

____

7. 为了引导青少年亲近传承中华优秀传统文化，国家语委和中央广播电视总台联合举办了哪些课外活动？

____

____

8. 为了加强规范使用语言文字，高考提出了什么明确要求？

____

____

9. 未来中国将加强对哪些领域语言文字使用的监管工作？

____

____

10. “向世界传递中国好声音”是什么意思？

____

____

第二课 “无现金社会”离我们还有多远

新闻背景

出门不带钱包，买东西不用现金，掏出手机扫一扫即可完成支付……不知从什么时候开始，这种“身无分文”而只带一部手机就可以随心所欲购物的生活方式已经成为市民的常态。对此，有人惊呼“无现金社会”已经到来。“无现金社会”真的来了吗？

学习目标

1. 话题相关词汇：无现金社会、微信、支付宝、移动支付、电子支付、现金、扫码付款、线下实体店、实物货币、结算、虚拟货币、法定货币、人民币流通、金属货币、纸币
2. 新闻常见结构：（1）在……看来，……。……则认为……。
（2）最新数据显示，……。换言之，……。与此同时，……，比如，……；再比如，……。因此，……。

热身

1. 你在购物时一般选择哪种支付方式？为什么？
2. 你认为现金在将来会不会消失？为什么？

课文

“无现金社会”离我们还有多远

不久前，微信①和支付宝②再一次在移动支付领域交战，双方各自推出“无现金日”和“无现金城市周”，以吸引更多用户。不过，随着电子支付的日益便捷和普及，不少商家以“无现金”为由拒收现金的现象引发部分民众不满，“无现金社会”这一命题亦由此被推到风口浪尖。分析人士指出，无现金支付只是支付方式的改变，并不是要“消灭”现金，“无现金社会”能否到来、何时到来最终取决于绝大多数人支付习惯的变化与社会共识的形成。就目前而言，现金支付渠道依然有庞大的需求和意义。

电子支付迅速普及

出门不带钱包，买东西不用现金，掏出手机扫一扫支付……不知从何时开始，这种即使“身无分文”，只带一部手机出门，也可以随心所欲购物的生活方式已成为市民的常态。

“现在我出门经常不带钱包，因为不管大到几千块钱的电器，还是小到几块钱的零食，一个手机就搞定啦！”一位排队买东西的女顾客告诉记者。

无现金支付的推广，给商家带来了不少好处，也让人们的生活更加便利，现金的使用越来越少已是不争的事实。在北京经营着一家饮品店的刘晓娜说：“如今顾客付钱基本都用手机扫码付款，手机发出‘嘀’的一声提示音，就代表顾客完成了付款，销售情况我只需要查看一下手机记录就一目了然，也不用找零、晚上盘点了。”

根据中国互联网络信息中心发布的《中国互联网络发展状况统计调查报告》，截至2016年12月，中国在线下实体店购物时使用手机结算的比例已达50.3%。即使在四五线城市，这一比例也分别达到43.5%和38%。有报道称，2016年我国移动支付规模约38万亿元人民币，是美国的50倍，在全球遥遥领先。

专家指出，结合瑞典、丹麦、韩国等国支付方式发展的历程来看，“无现金支付”其实就是社会商品交换与贸易绝大部分取消实物货币结算支付行为而以网络数据虚拟货币进行支付的行为。

现金地位引发热议

电子支付为人民生活带来了便捷，不过在个别地区频频出现商家拒收现金的情况却引发部分民众不满，更有声音担心电子支付会取代传统现金交易的地位。

值得注意的是，《中华人民共和国人民币管理条例》明确规定：“中华人民共和国的法定货币是人民币。以人民币支付中华人民共和国境内的一切公共的和私人的债务，任何单位和个人不得拒收。”可以说，“拒收人民币现金”的行为部分干扰了人民币流通，对这种不合适的做法要进行纠正和引导。

有专家认为，在人类历史上，人们结算支付手段已有两次革命：从物物交换到使用金属货币，从金属货币到全面纸币。使货币由纸币向数字化转化，是基于网络技术的发达及人们支付习惯的变化而提出的新型结算支付概念，是适合商品经济发展的历史产物，是人类结算支付手段的“第三次革命”。

然而，把“无现金社会”理解为现金彻底消失，是不正确的。中国财政科学研究院学者盘和林表示，无现金社会并不是指整个社会完全没有现金，而是指一种以电子支付为主的经济模式，全社会现金使用率极低，人们可以无障碍地使用电子支付方式进行消费。支付的核心就是便捷与安全。

安全便民才是关键

虽然“无现金支付”在中国成长迅速，但“无现金社会”究竟离我们有多远却见仁见智。在中国政法大学传播法研究中心副主任朱巍看来，中国离“无现金社会”已经不远，相关立法研究也将成为今后一个时期的重大课题。福耀玻璃集团掌门人曹德旺则认为，“无现金社会”肯定是一个大趋势，但如何实现、什么时候实现，相信还要一段时间。

民政部[3]最新数据显示，中国60岁以上的老龄人口超过2.3亿，占总人口的16.7%。换言之，“无现金社会”能多快到来还受到老年人群体消费使用习惯的影响。与此同时，无现金支付技术还存在一些漏洞，比如，各种新型网络诈骗就证明存在着账户信息外泄的风险；再比如，依靠电子设备进行的无现金支付也受到电子设备信号以及电源的限制，不像现金随时随地都可以用。因此，商家还应该设置必要的现金支付手段。

北京大学金融与产业发展研究中心秘书长黄嵩认为，支付的核心就是便捷与安全。商家拒收现金当然是违法的，无现金宣传并不是要人们拒收现金。“无现金并不表示一点都不用现金了，而是说以现金为基础的支付概念本身会消亡，就像今天我们可以说已经进入无存折社会，而事实上存折并没有完全消失。”黄嵩说。

因此，只有从安全性、便捷性、消费者可选择性等方面加以完善，“无现金社会”才有可能真正到来。

（1731 字，稍有改动）

（选自《人民日报》海外版 2017 年 8 月 23 日第 11 版，作者：王俊岭、王时禹）

生词

1. 风口浪尖	fēngkǒu-làngjiān		比喻社会斗争极为激烈、尖锐的地方。
2. 渠道	qúdào	（名）	途径；门路。如：就业～。
3. 身无分文	shēn wú fēnwén		形容非常贫穷。
4. 随心所欲	suíxīnsuǒyù		一切都由着自己的心意，想怎么做就怎么做。
5. 常态	chángtài	（名）	正常的状态。
6. 扫码	sǎo mǎ		利用手机上的扫码器扫描条形码或二维码来识别一些详细信息。
7. 一目了然	yímù-liǎorán		一眼就能看清楚。
8. 盘点	pándiǎn	（动）	清点（存货）。如：～库存。
9. 线下	xiàn xià		指不借助互联网而真实发生的。跟“线上”相对。
10. 实体店	shítǐdiàn		指有营业场所的商业机构。跟“网店”相对。
11. 遥遥领先	yáoyáo-lǐngxiān		远远地走在最前面（多指成绩）。

12. 结算 jiésuàn （动） 把一个时期的各项经济收入往来核算清楚。

13. 虚拟 xūnǐ （形） 非真实的。如：~世界、~货币。

14. 干扰 gānrǎo （动） 扰乱；打扰。

15. 模式 móshì （名） 事物的标准样式。

16. 障碍 zhàng'ài （名） 阻挡前进的东西。如：扫清~。

17. 见仁见智 jiànrén-jiànzhì 对于同一个问题各人有各人的见解。

18. 漏洞 lòudòng （名）（说话、做事、办法等）不周密的地方；破绽。如：他的话里~百出。

19. 风险 fēngxiǎn （名） 可能发生的危险。

20. 存折 cúnzhé （名） 银行、信用合作社等给存款者作为凭证的小本子。

注释

①微信

微信即“WeChat”，是由中国腾讯公司在2011年推出的一款通信服务应用程序。使用者可以通过网络发送语音短信、视频、图片和文字，具有公众平台、朋友圈、消息推送、微信支付等功能。

②支付宝

支付宝是中国的第三方支付平台，致力于向用户提供简单、安全、快速的支付解决方案。

③民政部

全称为中华人民共和国民政部，是中国主管有关社会行政事务的国务院组成部门。

新闻常见结构

1. 在……看来，……。……则认为……。

虽然“无现金支付”在中国成长迅速，但“无现金社会”究竟离我们有多远却见仁见智。在中国政法大学传播法研究中心副主任朱巍看来，中国离“无现金社会”已经不远，相关立法研究也将成为今后一个时期的重大课题。福耀玻璃集团掌门人曹德旺则认为，“无现金社会”肯定是一个大趋势，但如何实现、什么时候实现，相信还要一段时间。

解析：

新闻常用此结构来对比或对举两个人的观点。这一段对于“无现金社会究竟离我们还有多远”这一问题，使用“在……看来”和“……则认为”对举了朱巍和曹德旺两人的不同观点。

2. 最新数据显示，……。换言之，……。与此同时，……，比如，……；再比如，……。因此，……。

民政部最新数据显示，中国60岁以上的老龄人口超过2.3亿，占总人口的16.7%。换言之，“无现金社会”能多快到来还受到老年人群体消费使用习惯的影响。与此同时，无现金支付技术还存在一些漏洞，比如，各种新型网络诈骗就证明存在着账户信息外泄的风险；再比如，依靠电子设备进行的无现金支付也受到电子设备信号以及电源的限制，不像现金随时随地都可以用。因此，商家还应该设置必要的现金支付手段。

解析：

对于“商家还应该设置必要的现金支付手段”这一结论，这一段新闻从两个角度进行了分析：一是根据最新数据得知的中国老年人群体比例高，二是无现金支付技术还存在一些漏洞。中间以“与此同时”进行连接，表明两个原因同时并列存在。另外，为进一步说明，可使用“换言之”更清楚表明深层意义；也可以使用“比如”“再比如”举例说明。

练习

一、猜测词义

1. 不久前，微信和支付宝再一次在移动支付领域**交战**，双方各自推出“无现金日”和“无现金城市周”，以吸引更多用户。（　　）

A. 发生战争 B. 互相争吵 C. 互相竞争 D. 互相合作

2. 随着电子支付的日益便捷和普及，不少商家以“无现金”为由拒收现金的现象引发部分民众不满，“无现金社会”这一命题亦由此**被推到风口浪尖**。( )

A. 成为讨论的焦点 B. 禁止讨论的话题

C. 得到最终的答案 D. 得到广泛的认同

3. 不知从何时开始，这种即使“**身无分文**”，只带一部手机出门，也可以随心所欲购物的生活方式已成为市民的常态。( )

A. 没有零钱 B. 没有现金 C. 非常贫困 D. 没有文化

4. 现金的使用越来越少已是**不争的事实**。( )

A. 引起争论的事实 B. 主动放弃的事实

C. 不断争吵的事实 D. 无可争辩的事实

5. 如今顾客付钱基本都用手机扫码付款，手机发出“嘀”的一声提示音，就代表顾客完成了付款，销售情况我只需要查看一下手机记录就**一目了然**，也不用找零、晚上盘点了。( )

A. 非常干净 B. 非常迅速 C. 非常清楚 D. 非常完美

6. 有报道称，2016 年我国移动支付规模约 38 万亿元人民币，是美国的 50 倍，在全球**遥遥领先**。( )

A. 远远地走在前面 B. 远远地落在后面

C. 远远地追赶别人 D. 远远地赶上别人

7. “无现金支付”其实就是社会商品交换与贸易绝大部分取消实物货币结算支付行为而以网络数据**虚拟**货币进行支付的行为。( )

A. 虚伪 B. 虚弱 C. 不真实 D. 相似

8. 虽然“无现金支付”在中国成长迅速，但“无现金社会”究竟离我们有多远却**见仁见智**。( )

A. 看法一致 B. 看法不同 C. 看法合理 D. 没有看法

9. 与此同时，无现金支付技术还存在一些**漏洞**，比如，各种新型网络诈骗就证明存在着账户信息外泄的风险。( )

A. 缝隙 B. 虚假 C. 缺乏 D. 缺陷

10. 再比如，依靠电子设备进行的无现金支付也受到电子设备信号以及电源的限制，不像现金**随时随地**都可以用。( )

A. 在固定的时间和地点 B. 根据时间地点而定

C. 在任何时间任何地点 D. 时间和地点受限制

二、根据课文内容，选择正确答案

1. 微信和支付宝推出“无现金日”和“无现金城市周”的目的是（　　）

A. 提升技术的水平　　B. 改变人们的消费习惯

C. 争夺更多的用户　　D. 禁止人们使用现金

2. 目前，市民的消费常态是（　　）

A. 出门时带钱包　　B. 使用现金消费

C. 钱包里没有钱　　D. 手机电子支付

3. 以下哪一项不是手机扫码付款的好处？（　　）

A. 手机发出“嘀”的声音　　B. 付款简单、快捷

C. 不需要找零钱　　D. 不需要清点货物

4. “拒收人民币”的行为（　　）

A. 是合法的　　B. 影响人民币的流通

C. 不需要纠正　　D. 不需要引导

5. 结算支付手段的“第三次革命”是指（　　）

A. 从物物交换到金属货币　　B. 从金属货币到纸币

C. 从纸币到金属货币　　D. 从纸币到数字化支付

6. “无现金社会”是指（　　）

A. 整个社会都不用现金　　B. 完全使用电子支付

C. 现金使用率非常低　　D. 电子支付受到限制

7. “无现金社会”何时到来受到（　　）的影响

A. 老年人　　B. 年轻人

C. 青少年　　D. 政府

8. 无现金支付技术的不足之处是（　　）

A. 账户信息不安全　　B. 信号非常稳定

C. 电源供应充足　　D. 随时随地都能用

9. “无现金社会”的实现需要继续完善（　　）

A. 无现金支付的安全性　　B. 无现金支付的便捷性

C. 消费者的可选择性　　D. 包括以上三者

10. 关于课文内容，正确的说法是（　　）

A. 目前已经不再需要现金　　B. 现金的使用越来越少

C. 无现金支付就是要“消灭”现金　　D. 中国已经是“无现金社会”

三、阅读课文段落，回答问题

1. 根据中国互联网络信息中心发布的《中国互联网络发展状况统计调查报告》，截至2016年12月，中国在线下实体店购物时使用手机结算的比例已达50.3%。即使在四五线城市，这一比例也分别达到43.5%和38%。有报道称，2016年我国移动支付规模约38万亿元人民币，是美国的50倍，在全球遥遥领先。

问：作者将中国移动支付的规模与美国进行对比，目的是想说明什么？

2. 值得注意的是，《中华人民共和国人民币管理条例》明确规定：“中华人民共和国的法定货币是人民币。以人民币支付中华人民共和国境内的一切公共的和私人的债务，任何单位和个人不得拒收。”可以说，“拒收人民币现金”的行为部分干扰了人民币流通，对这种不合适的做法要进行纠正和引导。

问：作者引用《中华人民共和国人民币管理条例》，目的是想说明什么？

3. 有专家认为，在人类历史上，人们结算支付手段已有两次革命：从物物交换到使用金属货币，从金属货币到全面纸币。使货币由纸币向数字化转化，是基于网络技术的发达及人们支付习惯的变化而提出的新型结算支付概念，是适合商品经济发展的历史产物，是人类结算支付手段的“第三次革命”。

问：简单说明结算支付手段的三次革命各是什么。

4. 虽然“无现金支付”在中国成长迅速，但“无现金社会”究竟离我们有多远却见仁见智。在中国政法大学传播法研究中心副主任朱巍看来，中国离“无现金社会”已经不远，相关立法研究也将成为今后一个时期的重大课题。福耀玻璃集团掌门人曹德旺则认为，“无现金社会”肯定是一个大趋势，但如何实现、什么时候实现，相信还要一段时间。

问：对于“‘无现金社会’究竟离我们有多远”这一问题，这一段列举了几个人的看法？他们的看法一样吗？

5. 民政部最新数据显示，中国60岁以上的老龄人口超过2.3亿，占总人口的16.7%。换言之，“无现金社会”能多快到来还受到老年人群体消费使用习惯的影响。与此同时，无现金支付技术还存在一些漏洞，比如，各种新型网络诈骗就证明存在着账户信息外泄的风险；再比如，依靠电子设备进行的无现金支付也受到电子设备信号以及电源的限制，不像现金随时随地都可以用。因此，商家还应该设置必要的现金支付手段。

问：商家应该设置现金支付手段的原因是什么？

延伸阅读

“数字中国”改变了什么

超过30%，这是数字经济在中国GDP中所占的比重。与不断增长的数字相对应的，是数字经济对中国各个领域的改变。从活力无限的网上购物到蓬勃发展的大数据产业；从随处可见的移动支付到“一扫即达”的共享出行……中国数字领域的跨越式发展，为国内经济增长注入强劲动力，也为世界经济发展增添亮色。

同时，随着“网络强国”“智慧社会”等一系列概念的出现，不断成长中的“数字中国”，正以前所未有的面貌展现在世人面前。

“互联时代”改变日常生活

“任何认为中国在技术上永远只能追赶西方的人，都应该到上海的地铁车厢里看看，几乎每位乘客都在盯着手里的智能手机屏幕。当他们乘车在地下穿行的时候，他们可以订购日常用品、给朋友发信息、转账、安排假期出行和办理保险。”今年，英国《金融时报》网站刊文指出，中国数字产业的规模和变化速度令人头晕目眩。这促进了可能是世界上最生机勃勃的移动生态系统的发展。

外媒描述的上海地铁场景，只是中国人“数字生活”的普通一幕。如今，中国人几乎每一个生活细节都渗透着“数字”的身影。在改变中国人生活方式的“新四大发明”中，支付宝、共享单车、网购都属于数字经济范畴，高铁也不断与数字技术相融合，以提升运营性能和服务质量。

“从手机智能应用，到支付宝、微信等互联网支付工具，再到共享经济在城市的兴起，我们感受到整个中国社会正发生翻天覆地的变化。”国家发展改革委城市和小城镇改革发展中心理事长、首席经济学家李铁对本报记者表示。

如今，中国已经成为全球最大的移动互联网市场。数据显示，截至今年6月，中国手机网民规模已达7.24亿，网民中使用手机上网的比例达到96.3%。用户需求的巨大网络效应带来了一系列广泛的创新，电子商务、网络支付、共享单车、人工智能等新兴领域正迅速重构每一个中国人的生活方式，从而形成日常生活中的数字浪潮。

“互联网+”改变经济模式

苏宁和微软合作，打造对话式电子商务“聊商平台”，沃尔玛与京东战略结盟，开设全球购旗舰店……近年来电子商务市场风生水起，面对形势变化，传统零售行业也纷纷布局线上业务。

与此相对应的，是网络零售市场的快速发展，在刚刚过去的2017年“双11”购物狂欢节中，天猫最终交易额达到1682亿元，创下历史新高。

零售业的“改头换面”是数字浪潮改变商业模式的缩影。随着中国产能过剩问题逐渐凸显，传统行业营收、利润不断下降，而大数据、云计算、物联网、人工智能等领域相继崛起，“数字经济”为各经济领域转型升级提供新路径，驱使传统从业者纷纷加快数字化转型。数字化也成为中国经济供给侧结构性改革的重要抓手。

“中国在电子商务和数字支付领域全球领先，也是世界上1/3的独角兽企业的所在地，也正因此，数字对国家GDP的贡献率超过了30%，并保持着几乎全球最快的年均增长速度。”腾讯公司高级执行副总裁刘胜义对本报记者表示，整个数字经济的76%以上都是由数字融合部分所贡献的。这意味着，在未来的社会里，所有的“传统”产业和企业都将拥有互联网基因，而数字经济和实体经济的边界终将消失。

与此同时，一批快速涌现和成长的技术公司在中国打造出一个独一无二的生态系统。拥有全球触角的互联网公司正在创建一个多层次、多行业的数字化生态体系。

例如，共享单车借助数字技术和商业模式创新，创造性地满足了用户出行“最后一公里”的需求。短短几年，用户数就飙升过亿，此外，共享单车还走出国门，成为“中国创造”新标签。德国《经理人杂志》则报道称，不管是芬兰航空还是欧洲的2000多家饭馆和商店，其中包括著名的伦敦哈罗德百货，眼下都可以使用支付宝支付，而且可以使用支付宝的店铺每一天都在增加。

“以人为本”改变社会发展

经过这几年的跨越式发展，“数字中国”已经不仅仅是一个经济概念，而是渗透在社会发展的每一个环节中。

在社会治理层面，近年来，各地政府积极利用移动互联网优势，加强移动政务建设，实施信息惠民工程。数据显示，截至去年12月，中国支付宝、微信城市服务平台，政府微信公众号、微博、手机端应用等信息平台的用户规模已达2.39亿，占总体网民数量的32.7%。这些数字表明，中国社会治理模式正在从单向管理转向双向互动，从线下转向线上线下融合，从单纯的政府监管向更加注重社会协同治理转变。

同时，“网络强国”“智慧社会”等一系列概念的兴起，大大加速了中国社会的发展进程。“在智慧交通和智慧治安管理方面，中国最有优势。”李铁举例说，在中国，智慧天眼直接保证了我们的社会安全。中国的城市是世界上最安全的城市。而且，如果从城市的智慧交通管理和治安管理看，杭州、上海、宁波等城市已经走在了前面。

此外，数字经济在扶贫攻坚领域也发挥着重要作用。“电子商务”“共享经济”“社交平台”等新经济、新模式，正在成为脱贫攻坚战的“新利器”。

随着数字技术的不断发展，中国各个领域必然会越来越“数字化”，并为整个社会发展进步增添动力。

（1953字，有删节）

（选自《人民日报》海外版2017年12月4日第8版，记者：卢泽华、韩维正）

阅读短文，判断正误

1. 中国数字领域的快速发展只对中国做出了贡献。（　　）
2.《金融时报》认为，中国的数字产业发展让人很头疼。（　　）
3.“新四大发明”都属于数字经济范畴。（　　）
4. 数字技术使中国社会发生了巨大的变化。（　　）
5. 电子商务、网络支付等新兴领域的快速发展改变了中国人的生活方式。（　　）
6. 传统行业帮助数字经济获得了新发展。（　　）
7. 未来的数字经济与实体经济将很难进行区分。（　　）
8. 共享单车已经走向世界。（　　）
9. 数字技术使中国社会治理更加混乱。（　　）
10. 贫困地区可以借助数字经济摆脱贫困。（　　）

第三课　当春节遇上互联网：是坚守传统，还是做出变革

新闻背景

随着互联网时代的到来，春节作为中国民间最隆重、最热闹的传统节日，其传统民俗正在发生变化。“网上赶集”替代了传统的集市和庙会，微信拜年取代了祭祀与守岁……面对新年俗的悄然形成，我们是该坚守传统，还是做出变革？

学习目标

1. 话题相关词汇：传统节日、传统年俗、庙会、拜年、守岁、年货、年夜饭、年味儿、文化内涵、春运
2. 新闻常见结构：所谓……，其实就是……。……，从这个意义上讲，……。

热身

1. 中国春节的传统民俗有哪些？
2. 互联网时代，人们是怎样过春节的？
3. 你们国家的传统节日有没有受到现代化的冲击？

课文

当春节遇上互联网：是坚守传统，还是做出变革

春节，俗称“过年”，是我国民间最隆重、最热闹的一个传统节日。然而，随着时代的发展尤其是互联网时代的到来，传统年俗正在式微，新兴的过年方式正在成为主流。“网上赶集”替代了传统的集市和庙会，微信拜年、视频拜年取代了祭祀与守岁，晒美食、发微信红包让远在千里之外的亲朋好友共同分享惊喜……这些都表明，不管我们如何忧心传统年俗的式微，新年俗都在形成，而我们需要做的，是在保持春节精神内涵的基础上，做出适应新时代的民俗变革。

互联网为传统年俗注入新意

随着互联网技术的发展与普及，互联网大潮已经渗透到社会生活的方方面面，新时代的春节自然也抹不掉互联网的印记。

置办年货是过年必不可少的一环。在老一辈人的记忆中，大包小包的鸡鸭鱼肉、瓜果蔬菜是一道春节必有的风景。而如今，年货置办习俗依旧，采购方式却发生了改变，“网上赶集”逐渐兴起。在各大购物网站，想要的商品应有尽有。消费者只要轻轻点击鼠标，自己心仪的年货就能送货到家。即使在乡村，随着支持农村电商发展的政策不断出台，越来越多的农民也能足不出户坐享电商送货上门的便捷，年货大集已不再是农民置办年货的唯一选择。

春节当然要吃年夜饭。随着网络O2O[①]服务的兴起和普及，把大厨请到家中做年夜饭也成为许多人的选择。准备年夜饭时的那种忙碌随着互联网时代的到来，正逐渐离我们远去。此外，自2014年春节微信红包推出以来，手机抢红包也已成为“指尖上的新年俗”。与传统红包相比，这种新科技催生出的“红包”没有时间和空间的限制，更加便捷；同时，抢的过程增加了人们之间的互动和交流，打破了传统红包的单一性。

从一桌丰盛的“网络年夜饭”到各色“网购年货”，从微信红包到“淘宝众筹”的年画，从“拼车回家”到“视频拜年”，互联网催生出各种新的过年方式，在丰富和方便老百姓生活的同时，也为传统年俗注入了时代内涵。

不是年味儿淡了，而是我们不够用心

尽管互联网让春节文化更丰富了，让过春节不再那么忙乱不堪了，但也有不少人指出，互联网把你我拉近了，却把你我的心拉远了，也把对“年味儿”的感情拉淡了。有人就以“网络年夜饭”为例质问，哪一个大厨能“私人定制”出记忆中外婆和妈妈的味道？的确如此。在家里吃年夜饭，吃得好坏并不是最重要的，重要的是全家人一起团聚的那种氛围。虽然自己备菜、洗碗会累一些，但心里暖和，能感受到纯正的年味儿。另外，对手机的过度依赖也广受指责。过年期间，全家人好不容易团聚在一起，但若家庭成员个个都成“低头族”，沉迷于抢红包、发微信中，那受冷落的自然是亲情。

“妈妈准备了一些唠叨，爸爸张罗了一桌好饭，生活的烦恼跟妈妈说说，工作的事情向爸爸谈谈……”所谓年味儿，其实就是和家人在一起，好好说话，好好吃饭。现代人对科技工具的过度依赖，导致人际交流的时间大大减少，从这个意义上讲，互联网确实让传统的年味儿淡了。

不过，这并非说互联网与春节文化的矛盾不可调和。因为互联网归根结底只是一个工具和平台，而春节文化的主体是人。春节遇上互联网会产生怎样的变化，不仅取决于互联网，更取决于使用互联网的人。当一个人的心中满溢着浓浓的孝心，当一个人无比珍惜宝贵的亲情，那放下手机陪父母说说话绝非一件难事。所以说，不是年味儿变淡了，而是我们不够用心。

其实，作为工具的互联网，只要用好了，完全可以让年味儿越来越浓。远隔千里无法回家的子女，可以跟父母来一次从容的视频通话，也可以为他们网购年货，献上一份孝心。网络约车可以为没有买到回家车票的游子插上回家的“翅膀”，让其早点儿跟亲人团聚。至于“网络年夜饭”，可以让大家从厨房中解放出来，虽然年夜饭不是自己亲手做的，但能有更多的时间陪伴家人，又有何不可呢？因此，我们要学会利用互联网去丰富传统年俗的形式，延续传统年俗的内涵，而非将新技术与传统文化割裂、对立起来。

春节的文化内涵从未改变

互联网席卷了我们的日常生活，极大地改变了我们的思维、行动、生活方式。很多人担心，红包大战等互联网时代的新年俗会颠覆春节文化，消解春节的文化内涵。

其实若将互联网放在人类发展史中考量，它不过是技术的"一小步"。曾经盛极一时的电视春晚[②]才经历30多年就没了昔日的声势，红包大战等互联网化的过年方式又能兴盛多久？

不管是电视春晚，还是互联网化的过年方式，放在4000多年的春节历史中，都不过是沧海一粟。新的过年形式的出现只是时间问题，因为这是文化形态中最为正常的新陈代谢。春节的文化内涵在过去4000多年中都未曾改变，今天又岂会被轻易颠覆？因此我们不必过度担心互联网对春节文化的挑战。

以互联网为代表的新媒体，尽管为春节文化提供了红包大战等几乎可以全民参与的过节形式，但传统春节的保留项目像放鞭炮、吃饺子、看春晚等所承载的团圆、喜庆的文化内涵，以及合家欢乐的那种年味儿，是网络化的过年方式难以传达的。正是那种以年味儿为主的深层文化内涵，才让祖国大地上出现了"春运[③]"这种在世界历史上都堪称奇迹的人口流动。中华儿女正是在这种年味儿中坚守和寻找着属于自己的情感寄托，这是春节从未改变的魅力所在。

（2047字，略有删减）

（选自《光明日报》2017年1月26日第12版，作者：孙佳山）

生词

1. 式微　shìwēi　（动）　（书面语）事物衰落。如：日渐～。
2. 庙会　miàohuì　（名）　设在寺庙里边或附近的集市，在节日或规定的日子举行。如：逛～。
3. 祭祀　jìsì　（动）　旧俗之一。准备供品向神佛或祖先行礼，表示尊敬并求保佑。
4. 守岁　shǒusuì　（动）　在农历除夕晚上不睡觉，直到天亮。
5. 渗透　shèntòu　（动）　比喻一种事物或势力逐渐进入到其他方面。如：思想～、逐渐～。
6. 印记　yìnjì　（名）　痕迹。如：红色的～、时代的～。
7. 应有尽有　yīngyǒu-jìnyǒu　应该有的全都有了，表示一切齐备。

8. 心仪	xīnyí	（动）	（书面语）心里向往。如：～的对象、～已久。
9. 电商	diànshāng	（名）	电子商务的简称，指利用互联网进行的商务活动。
10. 足不出户	zúbùchūhù		脚不迈出家门，指待在家里不外出。
11. 众筹	zhòngchóu	（动）	依靠大众来获得资金。
12. 质问	zhìwèn	（动）	依据事实问明是非。如：～对方。
13. 调和	tiáohé	（动）	妥协、让步（多用于否定式）。如：不可～的矛盾。
14. 归根结底	guīgēn-jiédǐ		归结到根本上。也说归根到底。
15. 平台	píngtái	（名）	指进行某项工作所需要的环境或条件。
16. 从容	cóngróng	（形）	（时间）足够多。
17. 割裂	gēliè	（动）	把不应该分割的东西分割开（多指抽象事物）。如：～关系。
18. 颠覆	diānfù	（动）	推翻或否定。如：～人们的思想。
19. 考量	kǎoliáng	（动）	考虑。如：加以～、利益～。
20. 昔日	xīrì	（名）	往日；从前。如：～的时光。
21. 沧海一粟	cānghǎi-yísù		大海里的一颗谷粒，形容非常渺小。
22. 新陈代谢	xīnchén-dàixiè		比喻新事物不断发展并代替旧事物。
23. 承载	chéngzài	（动）	托着物体，承受它的重量。如：～人口压力。
24. 魅力	mèilì	（名）	很能吸引人的力量。

注释

① O2O

是英语“Online to Offline”的缩写。指线上消费与线下服务相结合的一种商务模式。

②春晚

春节联欢晚会的简称，特指中央广播电视总台在每年除夕之夜为了庆祝农历新年而举办的综合性文艺晚会。

③春运

即春节运输，是中国在春节前后发生的一种大规模的高交通运输压力的现象。一般从农历腊月十五到次年正月二十五，共40天左右。

新闻常见结构

所谓……，其实就是……。……，从这个意义上讲，……。

"妈妈准备了一些唠叨，爸爸张罗了一桌好饭，生活的烦恼跟妈妈说说，工作的事情向爸爸谈谈……"所谓年味儿，其实就是和家人在一起，好好说话，好好吃饭。现代人对科技工具的过度依赖，导致人际交流的时间大大减少，从这个意义上讲，互联网确实让传统的年味儿淡了。

解析：

在对某一事物或现象进行解释或定义时，新闻常用"所谓……，其实就是……"这一结构来表达。而"……，从这个意义上讲，……"是进一步说明或换一个角度解释前面的现象或事物。这一段新闻首先通过一段歌词引出对"年味儿"的解释，"所谓年味儿，其实就是和家人在一起，好好说话，好好吃饭"；然后通过"……，从这个意义上讲，……"这一结构将对"年味儿淡了"的理解限定在"这个意义上"，而不是其他。

练习

一、猜测词义

1. 随着时代的发展尤其是互联网时代的到来，传统年俗正在**式微**，新兴的过年方式正在成为主流。（　　）

A. 越来越难懂　　B. 越来越神秘　　C. 越来越有魅力　　D. 走向衰落

2. 消费者只要轻轻点击鼠标，自己**心仪**的年货就能送货到家。（　　）

A. 喜爱　　B. 可爱　　C. 崇拜　　D. 宠爱

3. 与传统红包相比，这种新科技**催生**出的"红包"没有时间和空间的限制，更加便捷。（　　）

A. 加快生产　　B. 促使产生　　C. 加快改变　　D. 加快替代

4. 因为互联网**归根结底**只是一个工具和平台，而春节文化的主体是人。(　　)

A. 从表面上看　　B. 从全局来看　　C. 从根本上说　　D. 总而言之

5. 当一个人的心中**满溢**着浓浓的孝心，当一个人无比珍惜宝贵的亲情，那放下手机陪父母说说话绝非一件难事。(　　)

A. 充满　　B. 满足　　C. 满意　　D. 重视

6. 网络约车可以为没有买到回家车票的**游子**插上回家的“翅膀”。(　　)

A. 外出旅游的人　　B. 经常换工作的人

C. 待在家里的人　　D. 在外地工作生活的人

7. 有人担心互联网时代的新年俗会颠覆春节文化，**消解**春节的文化内涵。(　　)

A. 消除　　B. 理解　　C. 解决　　D. 代替

8. 其实若将互联网放在人类发展史中**考量**，它不过是技术的“一小步”。(　　)

A. 心思　　B. 考虑　　C. 思想　　D. 想法

9. 曾经**盛极一时**的电视春晚才经历 30 多年就没了昔日的声势。(　　)

A. 短时间流行　　B. 长时间流行　　C. 小范围流行　　D. 大范围流行

10. 不管是电视春晚，还是互联网化的过年方式，放在 4000 多年的春节历史中，都不过是**沧海一粟**。(　　)

A. 影响大　　B. 数量少　　C. 非常小　　D. 很重要

二、根据课文内容，判断正误

1. 随着时代的发展，传统的过年习俗受到了很大的影响，新兴的过年方式已经成为主要潮流。(　　)

2. 置办年货是春节可有可无的一个环节，人们的购物方式也从赶年货大集变为网上购物。(　　)

3. 跟微信红包相比，传统红包具有时间和空间的限制，而且无法实现让更多人进行互动和交流。(　　)

4. 作者认为，自己准备年夜饭比请大厨来家里做年夜饭更能感受到年味儿。(　　)

5. 春节期间，很多人都低着头忙着跟家人联系，说明他们对亲情非常重视。(　　)

6. 我们不应该把新技术与传统文化对立起来，而应该利用互联网让传统文化更好地延续下去。(　　)

7. 互联网对人们的日常生活影响很大，已经完全颠覆了原有的春节文化。(　　)

8. 电视春晚、红包大战等新的过年方式都有很强的生命力，不会在短时间消失。(　　)

9. 无论过节的形式如何改变，春节的文化内涵都不会轻易被改变。（ ）

10. 网络化过年方式既是一种全民参与的过节形式，又承载着团圆、喜庆的春节内涵和合家欢乐的年味儿。（ ）

三、阅读课文段落，选择正确答案

1. 春节，俗称“过年”，是我国民间最隆重、最热闹的一个传统节日。然而，随着时代的发展尤其是互联网时代的到来，传统年俗正在式微，新兴的过年方式正在成为主流。“网上赶集”替代了传统的集市和庙会，微信拜年、视频拜年取代了祭祀与守岁，晒美食、发微信红包让远在千里之外的亲朋好友共同分享惊喜……这些都表明，不管我们如何忧心传统年俗的式微，新年俗都在形成，而我们需要做的，是在保持春节精神内涵的基础上，做出适应新时代的民俗变革。

问：对于新兴的过年方式，我们应该怎么做？（ ）

A. 保持传统的过年习俗，抵制新变化

B. 保持春节的精神内涵，适应新变化

C. 希望春节的精神内涵发生改变

D. 担心传统的过年习俗越来越少

2. 从一桌丰盛的“网络年夜饭”到各色“网购年货”，从微信红包到“淘宝众筹”的年画，从“拼车回家”到“视频拜年”，互联网催生出各种新的过年方式，在丰富和方便老百姓生活的同时，也为传统年俗注入了时代内涵。

问：这段话主要讨论的是什么？（ ）

A. 现在人们喜欢网购

B. 微信红包和视频拜年等活动都离不开手机

C. 互联网为传统年俗带来了新的时代气息

D. 互联网让老百姓的生活越来越方便

3. “妈妈准备了一些唠叨，爸爸张罗了一桌好饭，生活的烦恼跟妈妈说说，工作的事情向爸爸谈谈……”所谓年味儿，其实就是和家人在一起，好好说话，好好吃饭。现代人对科技工具的过度依赖，导致人际交流的时间大大减少，从这个意义上讲，互联网确实让传统的年味儿淡了。

问：这段话的关键词是什么？（　　）

A. 妈妈、爸爸　　B. 年味儿　　C. 好好吃饭　　D. 互联网

4. 互联网归根结底只是一个工具和平台，而春节文化的主体是人。春节遇上互联网会产生怎样的变化，不仅取决于互联网，更取决于使用互联网的人。当一个人的心中满溢着浓浓的孝心，当一个人无比珍惜宝贵的亲情，那放下手机陪父母说说话绝非一件难事。所以说，不是年味儿变淡了，而是我们不够用心。

问：以下哪一项适合作为这段话的小标题？（　　）

A. 年味儿　　B. 互联网

C. 春节文化　　D. 互联网与春节文化的关系

5. 不管是电视春晚，还是互联网化的过年方式，放在4000多年的春节历史中，都不过是沧海一粟。新的过年形式的出现只是时间问题，因为这是文化形态中最为正常的新陈代谢。春节的文化内涵在过去4000多年中都未曾改变，今天又岂会被轻易颠覆？因此我们不必过度担心互联网对春节文化的挑战。

问：这段话强调的是什么？（　　）

A. 春节的文化内涵不会变　　B. 春节属于传统文化

C. 春节文化的历史　　D. 互联网对春节的影响

延伸阅读

移动社交添彩中国年

许多人记忆中的中国年，总有许多难忘的瞬间。随着时间的变迁，中国年的内容和形式也越来越丰富多彩。

前不久，微信刚刚度过了它诞生的10周年。微信、微博、快手、抖音等移动社交软件，不仅给我们的沟通方式提供了新的选择，更是丰富了我们生活的方方面面，这其中，也包括为中国年增添了许多新元素。

双向年货新选择

千百年来，中国人一直把过年当成一件大事。过年之前要购买的很多东西是中国人为迎接春节而准备的丰盛礼包。采购年货，意味着年的脚步已经越来越近了。

以前，中国人购买年货大都是在集市、商场或者超市，如今，随着移动社交的纵深发展，大家购买年货有了更多的可能，“手机买年货”已经成为许多中国人置办年货的新选择。2020年，我国实物商品网上零售额9.8万亿元，逆势增长14.8%，占社会消费品零售总额的比重达到24.9%，连续8年成为全球第一大网络零售市场。2021年刚开场，由商务部会同多个部门和单位共同指导开展的“2021全国网上年货节”，自1月20日启动后，10天的全国网络零售额便达到3441.1亿元。

线上的年货越来越丰富，线下也同样火爆。记者2月6日在北京一家大型超市看到，前来采购年货的人熙熙攘攘。“往年我们过年都会回老家，今年我们在北京过年，趁着年前最后一个周末，我们一起来挑年货，买的好多东西都是在短视频里看到的。”在北京工作的张宇峰推着满满一购物车的年货，开心地向记者说道。

就地过年，也让“双向年货”成为今年一个独特的现象。“今年我要在上海过年了，父母从家里寄来了好几箱快递，都是我最爱吃的东西，虽然不能回家，也一样感受到家乡的年味儿。”在上海工作的杨朝告诉记者。

一边是从家乡寄来的年味儿，一边是寄往家乡的年货。数据显示，不少城市的老字号特产“跨省”发往全国各地。今年北京稻香村线上渠道销量同比增长135%，吴裕泰线上订单同比增幅超过500%。元旦以来，从北京市发出的异地订单量比去年同期增长52%，稻香村京八件点心礼盒、天福号酱肘子、全聚德羊肉和同仁堂白燕盏等，销量不断走高。

团圆有了新方式

2010年底，中国移动互联网用户总数为2.88亿，到2021年，微信的日活跃用户已经达到了10.9亿。移动社交十年，改变了人们沟通的方式，拜年方式跟以前比也有了不小的变化。

李先生是一名“60后”，回忆起过年，他打开了话匣子：“我小的时候，没有电话，更别提互联网和手机，给长辈拜年的心意是一定要当面带到的，但难免有些亲戚离得远，所以很不方便。后来，可以打一个电话送上新春的祝福，而现在，发一条微信，打开语音或者视频聊天，哪怕远隔天涯也能‘见屏如面’，一边看着春晚，一边就能跟亲朋好友拜年了。”

上一个春节，因为疫情突然肆虐，人们大都宅在家里过年。没办法走亲访友，除了打电话，发微信，许多人也通过手机游戏与不在身边的亲友实现了线上团聚。“以往过年，我们会和亲戚聚在一起，打打牌，聊聊天，拉一拉一年来的家常。去年的春节，我们虽没有见面，但通过手机在线玩起了游戏，一边玩，一边聊，热火朝天的气氛甚至超过了往年见面时候的感觉。”张乐韵告诉记者，“马上要到来的这个春节，我们家里的好多亲人都选择了在四面八方就地过年，但我们已经约好了，线上见。”

“线上见”，在这个不同寻常的春节假期，将给许多人带来心灵的慰藉。和亲人聊聊天，心里的距离就不会遥远；和好友玩玩游戏，休闲时光也会很愉快；看看直播，观赏云展览，充实的假期也会让人很期待。

未来有了新期盼

移动社交十年的飞速发展，给有着悠久历史的中国年注入了许多新时代的元素。微信群里抢红包，短视频里赏年俗，过年的玩法越来越丰富。

移动社交给春节带来了许多积极的改变，但也有一些问题需要我们反思和警惕。春节与每个中国人息息相关，随着越来越多的人成为移动社交的忠实用户，这一全民同庆的节日也成为许多商家争相抢夺用户的关键时间点。正如中国传媒大学传播研究院副教授黄典林所言，社交媒体推波助澜下的网络购物狂潮，让许多人陷入盲目消费的陷阱而不能自拔。此外，如何保障移动社交软件所收集到的个人信息的安全，还需要有效的措施来控制。

移动社交打破空间距离的同时，并不必然会拉近人和人之间的距离，也有可能反而使我们忽略了身边人的感受。一家人坐在沙发上，电视里正播放着春晚，每个人却在各自看手机，这样“群体性孤独”的场景，不只出现在过年的时候。如何让移动社交更好地增进人与人之间的感情交流，也仍然需要我们不断探索。

我们期盼这些问题能够得到关注和解决，期盼移动社交给中国年增添更多的色彩。我们希望，无论交流工具发生怎样的变化，年始终都是每个中国人心中美好的期盼。

（1834字，稍有改动）

（选自《人民日报》海外版2021年2月11日第11版，记者：刘发为）

阅读短文，回答问题

1. 微信、微博、快手、抖音等移动社交软件给人们带来了哪些变化？

____

____

2. 以前中国人通过线下方式置办年货，如今人们有了什么新选择？

____

____

3. “前来采购年货的人熙熙攘攘”中的“熙熙攘攘”是什么意思？

4. “就地过年”和“双向年货”在文中指的是什么？

5. 根据李先生的话，人们的拜年方式经历了哪些变化？

6. 为什么去年春节的时候人们没办法走亲访友？

7. “‘线上见’，在这个不同寻常的春节假期，将给许多人带来心灵的慰藉”中的“不同寻常”在文中具体指什么？人们的“线上见”具体指哪些活动？

8. “春节与每个中国人息息相关”中的“息息相关”是什么意思？

9. 移动社交存在哪些值得我们反思和警惕的问题？

10. “群体性孤独”指的是什么现象？

第四课 “我们追求事业与家庭的平衡”

新闻背景

随着时代的发展，女性接受的教育越来越多，男女平等的观念也更加深入人心。当下，越来越多的女性呼吁经济独立，并勇敢地向传统的家庭角色定位发起挑战。对于女性来说，她们愿意做“贤妻良母”还是“女强人”呢？且看《2018 女性形象认知与家庭事业观调查》的调查结果。

学习目标

1. 话题相关词汇：贤妻良母、女强人、贤淑、话语权、女权主义、同工同酬、职业女性、事业型的女性、大门不出二门不迈、相夫教子、角色定位、两性平等、男主外女主内

2. 新闻常见结构：对此，……分析指出，从……角度看，……。从……角度看，……。

热身

1. “贤妻良母”和“女强人”分别指的是什么样的女性？

2. 如果你是女生，你想做“贤妻良母”还是“女强人”？如果你是男生，你希望另一半是什么样的？为什么？

3. 你认为女性最重要的角色是什么？

课文

“我们追求事业与家庭的平衡”

近日，“95后女性不甘做贤妻良母”登上网络热搜榜。由欧莱雅（L’ORÉAL）中国和领英（LinkedIn）中国联合发布的《2018女性形象认知与家庭事业观调查》报告显示，近八成95后女性不甘于只为“贤妻良母”，而是向往成为“经济独立女强人”（58%）或“特立独行酷女人”（19%）。

“贤妻良母”一词，最早要追溯到朱自清的文章《房东太太》：“道地的贤妻良母，她是；这里可以看见中国那老味儿。”用以称赞女子贤淑。但在当下社会，对于大部分女性而言，这个过去用以称赞女性的词却染上了贬义的色彩。

有网友表示，“贤妻良母”是把现代本可赚钱养活自己、过更好生活的女性硬生生捆绑到婚姻里，然后无条件伺候丈夫与全家，其实质是保姆；也有网友认为，“贤妻良母”这4个字，表面上歌颂了女性在家庭生活中的伟大价值、光辉形象，实际上是几乎抹去了女性的社会价值，“贤妻良母”走出家门就是一个无用的人，除了买菜，不会对社会造成任何影响力。

然而，95后女生是如何看待的呢？通过采访了解到，在她们心中，“贤妻良母”的意义不再那么绝对化，她们更希望找到家庭和事业的平衡点。“如果将‘贤妻良母’等同于一个好妻子的话，我觉得是能在生活上和精神上支持自己的伴侣，在教育孩子上能够温柔理性，平等尊重吧。”北京大学中文系的大四学生克莱儿说，“感觉传统印象中的贤妻良母应该指的是生活技能极强，在精神层面讲究牺牲、顺从，我不会甘心做这种层面上的‘贤妻良母’。”

克莱儿不希望为了家庭牺牲事业。自己接受多年教育，有擅长并喜欢的领域，有很多朋友，希望今后能有精彩的生活，而不是结婚就守在家里，放弃自己的追求。“天天围着厨房客厅转很可怕，估计会退步得很快。”

就读于福州大学的涂芊芊则表示，自己未来会努力去照顾家庭，但绝对不会放弃事业。“女性在现代社会没有工作，在家基本就没有了话语权，反正我觉得不管多累，都不能放弃工作，人生不能被他人定位。”

当然，对“贤妻良母”表示认同的女生也大有人在。在知乎[①]相关问题的帖子下，有网友表示，作为95后未婚女生，她一直觉着“贤妻良母”是对一名已婚女性的最高称赞。另一名女生则表示，自己读研之后，心境发生了极大改变：“我倒是想做个贤妻良母，但是一没对象，二也是力所不逮。那些说不做贤妻良母的女生，结了婚也的确达不到贤妻良母的标准。”

对此，芝加哥大学（The University of Chicago）心理学博士李涛分析指出，从社会学角度看，这跟女权主义密切相关。“如今，女士获得几乎同等的教育和就业机会，与男性同工同酬，当然向往成为‘经济独立女强人’，以此挑战社会刻板印象。”从心理学角度看，这主要源自“规范性社会影响”。随着时代的进步，社会无形中给“职业女性”贴上正性标签，给“贤妻良母”贴上负性标签。“哪个有追求的女性不选择正性的东西呢？”

在95后女生独立意识大踏步向前时，调查报告显示，超七成的95后男性延续了前辈对“贤妻良母”的理想角色的认同。就读于香港中文大学（深圳）的麦克斯韦表示，身为95后男生，他比较传统，偏好“贤妻良母”型。“我希望另一半能有自己的事业，但不希望她进入更高层。如果要养小孩，她太奔放、太重事业，我担心小孩子会没人管。我希望另一半是‘良母’。”

与此同时，也有95后男生对女生的独立精神表示了充分的理解和认可。中山大学公共管理学院的学生文坛认为，相比起局限在家中的“贤妻良母”，事业型的女性有更多的机会接触到新鲜事物，认识到更多的人，而不是局限于一家一室，这样可以更好地进行沟通理解，有利于双方共同发展进步。“如果女生将精力时间更多地贡献给事业，并且这样对于家庭的意义更重要，那么我愿意回归家庭，为另一半事业的发展提供帮助。”

也有男生认为，“贤妻良母”这个词的范围很大，只要积极为家庭做出贡献的，就能称得上“贤妻良母”。它更多的是指一种状态，而不应指具体的事情。追求事业、能够促使家庭良好运转的，也是贤妻良母。

更多男生表示，曾经的女性大门不出二门不迈，只顾相夫教子，是忽视人权的表现，是对妇女的不尊重。而现在的女性有了更多、更好的追求，是社会进步的表现。

为什么越来越多的95后女生不甘心于“贤妻良母”的角色？中国人民大学心理学副教授张登浩表示，男性和女性的性别角色定位是在人类长期的历史发展中确定下来的，涉及生理遗传、社会文化环境、人格等众多因素。“贤妻良母”这一女性性别角色定位正是在这样的情况下发展起来的。95后女性接受的教育更多，两性平等的观念更加深入人心，更加追求经济上的独立，并致力于推动实现两性的平等。

“‘贤妻良母’或‘男主外女主内’这样的传统性别角色是在历史发展过程中逐步形成的，并不是不可违背、不可改变的。对于家庭而言，夫妻双方在感情的基础上结合并养育后代，是很多家庭所承担的重要社会功能，因此只要有利于家庭这一重要社会功能的实现，男性和女性并不必然要固定地承担某一角色，而是应该相互协作、各自发挥自己的优势。”

实际上，无论95后女生是选择做“贤妻良母”还是做“女强人”，社会需要关注的并不仅是新时代女性的最终选择，而是女性是否能够获得更多自由选择的权利，并在选择中获得应有的尊重。

（2062字，稍有改动）

（选自《中国青年报》2018年3月23日第7版，作者：余冰玥）

生词

1. 甘	gān	（动）	自愿；愿意。如：～愿、不～失败。
2. 贤妻良母	xiánqī-liángmǔ		既是丈夫的好妻子，又是子女的好母亲。
3. 特立独行	tèlì-dúxíng		指有见识，有主见，不盲目地跟随别人。
4. 追溯	zhuīsù	（动）	比喻寻找事物的由来。如：两国交往的历史可以～到上个世纪。
5. 贤淑	xiánshū	（形）	（书面语）指妇女心地善良，通情达理，对人和蔼。如：～的妻子。
6. 贬义	biǎnyì	（名）	字句里含有不赞成的或坏的意思。跟“褒义”相对。
7. 歌颂	gēsòng	（动）	指用言语文字等赞美。如：～母爱。
8. 伴侣	bànlǚ	（名）	多指夫妻或夫妻中的一方。
9. 理性	lǐxìng	（形）	指属于判断、推理等活动的。跟“感性”相对。
10. 牺牲	xīshēng	（动）	放弃或损害某些利益。如：～休息时间。

11. 擅长	shàncháng	（动）	在某方面有特长。如：～书法。
12. 力所不逮	lìsuǒbúdài		能力达不到。
13. 同工同酬	tónggōng- -tóngchóu		不分种族、民族、性别、年龄，做同样的工作，工作的质量、数量相同的，给予同样的报酬。
14. 刻板	kèbǎn	（形）	比喻没有变化。如：～的认识、～的印象。
15. 无形中	wúxíngzhōng	（副）	不知不觉中。
16. 奔放	bēnfàng	（形）	（思想、感情等）尽情流露，不受拘束。如：热情～。
17. 局限	júxiàn	（动）	限制在某个范围内。
18. 深入人心	shēnrù-rénxīn		（思想、理论、学说、主张等）被人们深深地理解并接受。如：“健康第一”的观念已经～。
19. 违背	wéibèi	（动）	违反；不遵守。如：她～了父母的意愿，最终嫁给了他。
20. 协作	xiézuò	（动）	若干人相互配合来完成任务。

注释

①知乎

中国网络问答平台，用户可以通过平台分享知识、经验、见解等。

新闻常见结构

对此，……分析指出，从……角度看，……。从……角度看，……。

对此，芝加哥大学（The University of Chicago）心理学博士李涛分析指出，从社会学角度看，这跟女权主义密切相关。“如今，女士获得几乎同等的教育和就业机会，与男性同工同酬，当然向往成为‘经济独立女强人’，以此挑战社会刻板印象。”从心理学角度看，这主要源自“规范性社会影响”。随着时代的进步，社会无形中给“职业女性”贴上正性标签，给“贤妻良母”贴上负性标签。“哪个有追求的女性不选择正性的东西呢？”

解析：

针对某个话题或者问题，新闻常用此结构来表述说话人的观点。在课文中，对《2018女性形象认知与家庭事业观调查》的调查结果——近八成95后女性不甘于只为“贤妻良母”，李涛博士分别从社会学和心理学两个角度对其进行了分析。

练习

一、猜测词义

1. “95后女性**不甘**做贤妻良母”登上网络热搜榜。（　　）
   A. 不愿意　B. 不得不　C. 不开心　D. 不勇敢
2. 女性不甘于只为“贤妻良母”，而是向往成为“经济独立女强人”或“**特立独行**酷女人”。（　　）
   A. 非常骄傲　B. 非常自私　C. 非常坚强　D. 非常不同
3. “贤妻良母”一词，最早要追溯到朱自清的文章《房东太太》：“道地的贤妻良母，她是；这里可以看见中国那老味儿。”用以称赞女子**贤淑**。（　　）
   A. 长得漂亮　B. 有事业心　C. 温和善良　D. 争强好胜
4. “贤妻良母”这4个字，表面上歌颂了女性在家庭生活中的伟大价值、光辉形象，实际上是几乎**抹去**了女性的社会价值。（　　）
   A. 涂抹　B. 修改　C. 消除　D. 赞扬
5. 女性在现代社会没有工作，在家基本就没有了**话语权**。（　　）
   A. 解释的权利　B. 表达意见的权利　C. 工作的权利　D. 交谈的权利
6. 我倒是想做个贤妻良母，但是一没对象，二也是**力所不逮**。（　　）
   A. 没有能力　B. 没有力气　C. 没有机会　D. 抓不到
7. 随着时代的进步，社会无形中给“职业女性”贴上正性**标签**，给“贤妻良母”贴上负性标签。（　　）
   A. 价格　B. 分类　C. 签字　D. 定位
8. 曾经的女性**大门不出二门不迈**，只顾相夫教子，是忽视人权的表现，是对妇女的不尊重。（　　）
   A. 不能走路　B. 自由外出　C. 待在家里　D. 没有朋友

9. 曾经的女性大门不出二门不迈，只顾**相夫教子**，是忽视人权的表现，是对妇女的不尊重。(　　)

A. 帮助丈夫和教育孩子　　B. 跟男性一样教育孩子

C. 帮助丈夫来教育孩子　　D. 跟丈夫和孩子长得相似

10. 95 后女性接受的教育更多，两性平等的观念更加**深入人心**，更加追求经济上的独立，并致力于推动实现两性的平等。(　　)

A. 受到人们的热烈议论　　B. 被人们理解并且接受

C. 给人们留下深刻的印象　　D. 使人们陷入深深的思考

二、根据课文内容，选择正确答案

1. 随着时代的发展，“贤妻良母”的词义发生了什么变化？(　　)

A. 从肯定到否定　　B. 从否定到肯定

C. 一直肯定　　D. 没有变化

2. 第 3 段中的“网友”是如何看待“贤妻良母”的？(　　)

A. 歌颂了女性的社会价值　　B. 实现了女性的社会价值

C. 失去了女性的社会价值　　D. 具有很大的社会影响力

3. 克莱儿和涂芊芊是怎样看待家庭和事业之间的关系的？(　　)

A. 不会为了家庭而放弃事业　　B. 会为了家庭而放弃事业

C. 照顾家庭就必须放弃事业　　D. 可以放弃工作，但要有话语权

4. 文章介绍了几位对“贤妻良母”表示认同的 95 后女生？(　　)

A. 1 位　　B. 2 位　　C. 3 位　　D. 4 位

5. 李涛博士认为，“近八成 95 后女性不甘于只为‘贤妻良母’”跟哪种心理学现象有关？(　　)

A. 女权主义　　B. 男女同工同酬

C. 男女教育机会平等　　D. 规范性社会影响

6. 95 后男生对“贤妻良母”的看法是(　　)

A. 认同　　B. 反对

C. 有人认同，有人反对　　D. 没有说明

7. 有的 95 后男生对女生的独立精神表示认可，主要原因是(　　)

A. 男性愿意回归家庭　　B. 有利于男女双方共同发展

C. 男性愿意帮助事业型女性　　D. 贤妻良母是社会进步的表现

8. 张登浩认为，95后女生不甘心只做“贤妻良母”的原因是（　　）

A.“贤妻良母”意味着女性没本事

B. 社会给“贤妻良母”贴上了负性标签

C.“贤妻良母”跟社会接触得太少

D. 接受的教育更多，她们追求男女平等

9. 张登浩对“贤妻良母”或“男主外女主内”这种传统性别角色的看法是（　　）

A. 可以改变　　B. 不可违背　　C. 不可改变　　D. 必须这样

10. 作者认为，社会应该关注女性的哪些方面？（　　）

A. 女性最终选择了什么　　B. 女性是否有选择的权利

C. 女性的选择是否获得了尊重　　D. 包括以上三者

三、阅读课文段落，回答问题

1. 近日，“95后女性不甘做贤妻良母”登上网络热搜榜。由欧莱雅中国和领英中国联合发布的《2018女性形象认知与家庭事业观调查》报告显示，近八成95后女性不甘于只为“贤妻良母”，而是向往成为“经济独立女强人”（58%）或“特立独行酷女人”（19%）。

问：用自己的话概括《2018女性形象认知与家庭事业观调查》的调查结果。

2. 然而，95后女生是如何看待的呢？通过采访了解到，在她们心中，“贤妻良母”的意义不再那么绝对化，她们更希望找到家庭和事业的平衡点。“如果将‘贤妻良母’等同于一个好妻子的话，我觉得是能在生活上和精神上支持自己的伴侣，在教育孩子上能够温柔理性，平等尊重吧。”北京大学中文系的大四学生克莱儿说，“感觉传统印象中的贤妻良母应该指的是生活技能极强，在精神层面讲究牺牲、顺从，我不会甘心做这种层面上的‘贤妻良母’。”

问：这一段的中心意思是什么？

3. 对此，芝加哥大学心理学博士李涛分析指出，从社会学角度看，这跟女权主义密切相关。“如今，女士获得几乎同等的教育和就业机会，与男性同工同酬，当然向往成为‘经济独立女强人’，以此挑战社会刻板印象。”从心理学角度看，这主要源自“规范性社会影响”。随着时代的进步，社会无形中给“职业女性”贴上正性标签，给“贤妻良母”贴上负性标签。“哪个有追求的女性不会选择正性的东西呢？”

问：对于“近八成95后女性不甘于只为‘贤妻良母’”这一调查结果，李涛是从哪些角度加以分析的？

4. 与此同时，也有95后男生对女生的独立精神表示了充分的理解和认可。中山大学公共管理学院的学生文坛认为，相比起局限在家中的“贤妻良母”，事业型的女性有更多的机会接触到新鲜事物，认识到更多的人，而不是局限于一家一室，这样可以更好地进行沟通理解，有利于双方共同发展进步。“如果女生将精力时间更多地贡献给事业，并且这样对于家庭的意义更重要，那么我愿意回归家庭，为另一半事业的发展提供帮助。”

也有男生认为，“贤妻良母”这个词的范围很大，只要积极为家庭做出贡献的，就能称得上“贤妻良母”。它更多的是指一种状态，而不应指具体的事情。追求事业、能够促使家庭良好运转的，也是贤妻良母。

更多男生表示，曾经的女性大门不出二门不迈，只顾相夫教子，是忽视人权的，是对妇女的不尊重。而现在的女性有了更多、更好的追求，是社会进步的表现。

问：请给上面这三段内容拟一个小标题。

5. “‘贤妻良母’或‘男主外女主内’这样的传统性别角色是在历史发展过程中逐步形成的，并不是不可违背、不可改变的。对于家庭而言，夫妻双方在感情的基础上结合并养育后代，是很多家庭所承担的重要社会功能，因此只要有利于家庭这一重要社会功能的实现，男性和女性并不必然要固定地承担某一角色，而是应该相互协作、各自发挥自己的优势。”

问：根据这段话的观点，男女性别角色应该是怎样的？

延伸阅读

从“女强人”到“男内助”……

男人也能当贤内助？如果把这个问题抛给江西省南昌市青山湖区“好家风贤内助”评选的组织者，答案一定是肯定的。近日，《中国妇女报》刊登的消息“贤内助评选引来男性积极参与”让人眼前一亮，这是全国妇联寻找“最美家庭”活动在基层的一个新实践，主办单位明确将男性作为贤内助评选对象，引来不少男性报名参加。

“贤内助”出自春秋时（公元前770年—公元前476年）晏婴的故事，是“内助之贤”的意思。在传统观念中，男性被描述成理性的、强大的、勇敢的，适合在社会上打拼，为家庭提供经济支持；女性多是温柔的、隐忍的、善良的，擅长“主内”，应该承担家务劳动中的一切琐碎。人们因此习惯性地把贤内助和女性画等号。时至“女汉子”当道的今日，仍有一些抱着“男强女弱”臆想“装睡”的人们，把成就事业当作评判男性成功的唯一标准，乐见“成功男人”的背后有个甘于为家庭奉献一切乃至失去自我的“好妻子”，而为家庭做出牺牲的“男内助”却遭到了戏谑（xìxuè）。虽说“女强人”是对女性不断奋斗并在事业上有所成就的某种肯定，但在旧指强盗的“强人”前加上个“女”字，夹杂着“不懂生活”“婚姻不幸”等贬义，性别歧视的余音仍未散尽。

然而，越来越多的事例证明，成功并不是男性的专属品，平等的婚姻家庭关系中也需要有“男内助”站在那里。李娜在网球运动上能够心无旁骛（xīnwú pángwù）并取得巨大成就，一直在背后默默支持她的丈夫姜山功不可没。两届世界冠军冼东妹，女儿出生仅100天就开始备战北京奥运会，后成为中国奥运史上第一个“冠军妈妈”，也是中国第一个卫冕奥运会柔道项目冠军的选手。她的成功，除了自身强大的实力和顽强的拼搏精神外，也离不开丈夫刘波对家庭的付出。冼东妹在接受采访时深情感谢丈夫把孩子带得很好，免去了她的后顾之忧，是她夺冠的坚强后盾。

时代毕竟不同了，随着妇女地位的提升，性别关系的样貌正出现积极改变，贤内助的性别定位日趋模糊。在学校里，女强男弱的态势凸显，即使在数理化等所谓男生的“传统优势项目”上，女生的势头也越来越猛，让某些固守性别刻板印象的人们，在惊惧之余呼喊“拯救男生”。徜徉（chángyáng）大学校园，女性的优势同样在增强。在这个更需要智慧而不是肌肉的语境下，女性虽然在就业过程中会遭遇歧视，但职业女性的比例仍在提升，管理层和专业人员队伍中也越来越多地出现“穿裙子”的身影，并由此给两性的社会与家庭地位变迁带来深刻影响。人们的观念也必然要随之更新，“一家之主”只能是男性的情况越来越少了，男人做家务并不是件丢脸的事情，女人能够成“汉子”，丈夫自然可以是“内助”。

家庭是社会的基本单位，性别分工在转变过程中产生的摩擦甚至碰撞，一直是人们关心的话题。你加班谁去接孩子？你早出晚归谁准备饭菜？你出差在外谁看护病中的老人？这些都是日常生活避免不了的矛盾。前段时间，央视播放的都市育儿轻喜剧《还是夫妻》，用艺术的手法打破传统婚姻模式，马苏扮演的林筱和郭涛饰演的唐健，再现了一对“女主外，男主内”夫妻。他们的儿子出生后，赚钱能力更强的林筱继续全身心投入工作，唐健则成了全职奶爸，从换纸尿裤到冲奶粉，担负起照顾孩子的责任，真实反映出当下人们在生活中遇到的问题。画面上，当唐健和另外两个超级奶爸脖子上挂着三个娃走在公园里，自豪和幸福溢于言表，真的够帅够酷够拉风，谁说“纯爷们儿”的高大体魄和细腻柔情只能非此即彼？

这个世界由男女共创也该由两性共享，不应基于性别的差异限制任何一方展示才华的空间及机会，一个良好的家庭环境能使双方把精力放在喜欢的工作上。当我们习惯于依照人们的能力和特长去安排家庭和社会事务，就会距离性别平等的目标更近一步；当“上得厅堂，下得厨房”这句原本赞美女性的俗语，可以不分性别地送给所有人，这个地球上每一个角落的每一位女性都可以依从内心愿望选择生活的方向。那将是一个无比美妙的时代。

（1577字，稍有改动）

（选自《中国妇女报》2016年3月31日第14版，作者：佟吉清）

阅读短文，判断正误

1. 在传统观念中，女性擅长“主外”，男性适合“主内”。（　）
2. 当下，“男内助”和“女强人”已经得到了全社会的认可。（　）
3. 李娜和冼东妹能够成功，是因为家里都有一位“男内助”。（　）
4. 随着女性地位的提升，现在的性别关系已经不同于以前，男性也可以做贤内助。（　）
5. 在学校里，因为男女平等的态势越来越明显，所以有人发出“拯救男生”的声音。（　）
6. 尽管女性会遭遇就业歧视，但却阻挡不了女性就业的大趋势。（　）
7. 电视剧《还是夫妻》呈现出的是传统的“男主外，女主内”的婚姻模式。（　）
8. 在电视剧《还是夫妻》中，“全职奶爸”唐健的感受是劳累、辛苦、不开心。（　）
9. “上得厅堂，下得厨房”原本是对女性既能主内又能主外的赞美。（　）
10. 男女应当共同分享社会成果，男女任何一方都应该有展示才华的空间和机会。（　）

第五课　生逢其时的“一带一路”

新闻背景

2013 年 9 月和 10 月，中国国家主席习近平在出访中亚和东南亚国家期间，先后提出共建“丝绸之路经济带”和“21 世纪海上丝绸之路”的重大倡议，以上倡议简称为“一带一路”。“一带一路”建设有利于促进沿线各国经济繁荣与区域经济合作，加强不同文明之间的交流，促进世界和平发展，是一项造福世界各国人民的伟大事业。

学习目标

1. 话题相关词汇：“一带一路”、丝绸之路经济带、21 世纪海上丝绸之路、亚洲基础设施投资银行、丝路基金、倡议、人类命运共同体、丝绸之路、和平合作、开放包容、互学互鉴、互利共赢、顶层设计、互联互通、对接

2. 新闻常见结构：……；……；与此同时，……。

热身

1. 你知道“一带一路”和“人类命运共同体”的含义吗？

2. 你认为“一带一路”与“人类命运共同体”之间有什么关系？

课文

生逢其时的“一带一路”

“一带一路”，即“丝绸之路经济带”和“21世纪海上丝绸之路”。

它崭新又古老，由中国倡议并得到全球众多国家的热烈响应。“一带一路”涵盖的国家和地区的总数正逐渐变大。我们还知道，它有两个好“帮手”：亚洲基础设施投资银行[①]和丝路基金[②]。我们更知道，“一带一路”建设不是空洞的口号，而是看得见、摸得着的实际举措。“一带一路”里，有中国的未来，也有世界的机遇。

5月7日至12日，习近平主席出访欧亚三国，一路上，“一带一路”话题备受关注，大量相关项目签约。现在，无论哪个国家与中国交往，都不能不了解一个词：“一带一路”。

崭新与古老：
诞生不到2年　基因却有2000多年

“丝绸之路经济带”，诞生于2013年9月7日。这一天，习近平主席访问哈萨克斯坦，在纳扎尔巴耶夫大学发表演讲时倡议：为了使我们欧亚各国经济联系更加紧密、相互合作更加深入、发展空间更加广阔，我们可以用创新的合作模式，共同建设“丝绸之路经济带”。他说，这是一项造福沿途各国人民的大事业。

2013年10月3日，“21世纪海上丝绸之路”面世。这一天，习近平主席访问印度尼西亚，在国会演讲时提出：东南亚地区自古以来就是“海上丝绸之路”的重要枢纽，中国愿同东盟国家加强海上合作，使用好中国政府设立的中国—东盟海上合作基金，发展好海洋合作伙伴关系，共同建设“21世纪海上丝绸之路”。他说，中国愿同东盟国家共享机遇、共迎挑战，实现共同发展、共同繁荣。

无论“造福沿途各国人民”还是“共同繁荣”，习近平主席代表中国政府发出的这两个重大倡议，都站在了“人类命运共同体”[③]的高度。

“一带一路”虽然诞生才2年，但它的基因却已经传承了2000多年。那时正是中国的汉朝，疆域辽阔，国力强盛。地球上出现了多条由中国出发、经由陆路或海洋连接亚欧非的贸易和人文交流通道，它们统称为“丝绸之路”。众多民族、几大文明因此紧密相连。

分享与包容：
中国的倡议 世界的机遇

进入21世纪后，古老的“丝绸之路精神”——和平合作、开放包容、互学互鉴、互利共赢，凸显重要和珍贵。中国希望借助“一带一路”倡议，发扬这一精神，让世界分享中国发展成果，实现共同繁荣。

显然，中国提出建设“一带一路”，不仅出于自身发展考量，也符合沿线国家利益，有利于促进世界和平稳定与发展繁荣。因此，“一带一路”必然是世界共同的机遇。

很快，“一带一路”倡议得到国际社会高度关注。目前，已有哈萨克斯坦、巴基斯坦、俄罗斯、白俄罗斯等60多个沿线国家和国际组织对参与“一带一路”建设表达了积极态度。“丝绸之路经济带”沿线国家总人口近30亿，市场规模和潜力独一无二，各国在贸易和投资领域合作潜力巨大；而“21世纪海上丝绸之路”，仅中国和东盟国家人员往来每年就高达1500万人次，航班往返每周就有1000多个……推进“一带一路”建设，有利于促进沿线各国经济繁荣与区域经济合作，加强不同文明交流互鉴，促进世界和平发展，是一项造福世界各国人民的伟大事业。

蓝图与实践：
美好的愿景 坚实的行动

前景催人，时不我待。2013年秋天提出倡议，2014年进入“务实合作”，2015年“顶层设计”出炉，“一带一路”快速且步履坚实地向人们走来——3月28日，《推动共建丝绸之路经济带和21世纪海上丝绸之路的愿景与行动》公布，为“一带一路”重大倡议画出了路线图。

美好愿景，需要落实。中白（白俄罗斯）工业园是构建丝绸之路经济带的标志性工程；中巴（巴基斯坦）经济走廊是“一带一路”旗舰项目；与此同时，中方高度重视联通中国和孟加拉国、缅甸、老挝、柬埔寨、蒙古国、塔吉克斯坦等邻国的铁路、公路项目，将在推进“一带一路”建设中优先部署。

美好愿景，需要共识。一年多来，习近平、李克强等中国领导人先后出访

20多个国家，出席加强互联互通伙伴关系对话会、亚非领导人会议等，与有关国家元首和政府首脑会晤，就共建“一带一路”达成广泛共识。

日前，习近平主席出访欧亚三国，就丝绸之路经济带建设同哈萨克斯坦“光明之路”经济战略、欧亚经济联盟建设、欧亚地区经济一体化设想对接合作，与相关国家达成共识，签订大量项目，这将为欧亚大陆不断注入新的发展活力。

中国向世界证明，“一带一路”不仅是面向未来的宏伟蓝图，更是脚踏实地的深耕细作。

（1685字，有删节）

（选自《人民日报》海外版2015年5月14日第1版，记者：陈振凯）

生词

1. 崭新	zhǎnxīn	（形）	非常新。如：他穿着~的衣服。
2. 倡议	chàngyì	（动、名）	做动词，首先建议。如：“一带一路”由中国~。做名词，首先提出的主张。如：“一带一路”是由中国发起的一项~。
3. 基因	jīyīn	（名）	生物体遗传的基本单位，存在于细胞的染色体上，呈线状排列。（英：gene）
4. 造福	zàofú	（动）	给人带来幸福。如：~后代、为人民~。
5. 面世	miànshì	（动）	问世；（作品）与世人见面。
6. 枢纽	shūniǔ	（名）	事物相互联系的中心环节。如：交通~。
7. 疆域	jiāngyù	（名）	国家领土。
8. 经由	jīngyóu	（介）	路程经过。如：从北京出发~南京到上海。
9. 互利	hùlì	（动）	互相有利。如：平等~。
10. 共赢	gòngyíng	（动）	大家都得到利益。如：互利~。
11. 独一无二	dúyī-wú'èr		没有相同的；没有可以相比的。
12. 愿景	yuànjǐng	（名）	所向往的前景。如：和平发展的共同~。
13. 务实	wùshí	（形）	讲究实际。如：~合作。

14. 出炉	chūlú	（动）	比喻计划、方案等刚刚出来。
15. 步履	bùlǚ	（名）	脚步。如：～轻松。
16. 走廊	zǒuláng	（名）	屋檐下高出平地的过道，或房屋之间有顶的过道。比喻连接两个较大地区的狭长地带。
17. 旗舰	qíjiàn	（名）	原指挂有司令旗的军舰。比喻带头的、起主导作用的事物。如：～店。
18. 部署	bùshǔ	（动）	安排；配置。
19. 共识	gòngshí	（名）	共同的认识。如：双方达成了～。
20. 会晤	huìwù	（动）	会面；会见。如：两国领导人～。
21. 对接	duìjiē	（动）	泛指互相接触、沟通。如：企业与市场～。
22. 脚踏实地	jiǎotàshídì		脚踏在坚实的土地上。形容做事踏实认真。
23. 深耕细作	shēngēng-xìzuò		比喻精心培育，细致对待。

注释

①亚洲基础设施投资银行

亚洲基础设施投资银行（Asian Infrastructure Investment Bank），简称亚投行（AIIB），是一个政府间性质的亚洲区域多边开发机构，重点支持基础设施建设。成立宗旨是为了促进亚洲地区经济一体化的进程，并且加强中国及其他亚洲国家和地区的合作，是首个由中国倡议设立的多边金融机构，总部设在北京。

②丝路基金

丝路基金是由中国外汇储备、中国投资有限责任公司、中国进出口银行、国家开发银行共同出资，于 2014 年 12 月 29 日在北京注册成立的。其理念是“开放包容、互利共赢”，重点致力于为“一带一路”框架内的经贸合作和双边多边互联互通提供投融资支持，与境内外企业、金融机构一道，促进中国与“一带一路”沿线国家和地区实现共同发展，共同繁荣。

③人类命运共同体

人类只有一个地球，各国共处一个世界。现在的国际社会日益成为一个你中有我、我中有你的“命运共同体”，面对世界经济的复杂形势和全球性问题，任何国家都不可能独善其身。中国提出并倡导“人类命运共同体”意识，即一个国家在追求本国利益时，要兼顾他国的合理关切，在谋求本国发展中促进各国共同发展。“人类命运共同体”这一全球价值观包含互相依存的国际权力观、共同利益观、可持续发展观和全球治理观。

新闻常见结构

……；……；与此同时，……。

美好愿景，需要落实。中白（白俄罗斯）工业园是构建丝绸之路经济带的标志性工程；中巴（巴基斯坦）经济走廊是“一带一路”旗舰项目；与此同时，中方高度重视联通中国和孟加拉国、缅甸、老挝、柬埔寨、蒙古国、塔吉克斯坦等邻国的铁路、公路项目，将在推进“一带一路”建设中优先部署。

解析：

该段落结构常用于表达几个并列的事情同时发生。这一段首先提出本段的中心句“美好愿景，需要落实”，然后举例说明“一带一路”落实的情况。三个例子之间使用分号“；”加以分隔，最后一个例子前面使用“与此同时”，表示与前面两个例子是并列关系，同时发生。

练习

一、猜测词义

1. “一带一路”建设不是**空洞**的口号，而是看得见、摸得着的实际举措。（　　）

   A. 没有内容　　B. 没有计划　　C. 缺少思考　　D. 声音很大

2. 建设“丝绸之路经济带”是一项**造福**沿途各国人民的大事业。（　　）

   A. 创造机会　　B. 制造商品　　C. 改造生活　　D. 带来幸福

3. 2013 年 10 月 3 日，“21 世纪海上丝绸之路”**面世**。（　　）

   A. 面临　　B. 面对　　C. 问世　　D. 出生

4.“一带一路”虽然诞生才2年，但它的基因却已经传承了2000多年。那时正是中国的汉朝，**疆域**辽阔，国力强盛。(　　)

A. 视野　　B. 领土　　C. 边疆　　D. 领域

5. 地球上出现了多条由中国出发、**经由**陆路或海洋连接亚欧非的贸易和人文交流通道，它们统称为“丝绸之路”。众多民族、几大文明因此紧密相连。(　　)

A. 经过　　B. 经常　　C. 由于　　D. 连接

6. 进入21世纪后，古老的“丝绸之路精神”——和平合作、开放**包容**、互学互鉴、互利共赢，凸显重要和珍贵。(　　)

A. 包括　　B. 宽容　　C. 包含　　D. 容纳

7. 推进“一带一路”建设，有利于促进沿线各国经济繁荣与区域经济合作，加强不同文明交流**互鉴**，促进世界和平发展，是一项造福世界各国人民的伟大事业。(　　)

A. 互相学习　　B. 互相矛盾　　C. 互相批评　　D. 互相赞美

8.“丝绸之路经济带”沿线国家总人口近30亿，市场规模和潜力**独一无二**。(　　)

A. 有一个可比的　　B. 没有可比的　　C. 不可衡量的　　D. 排名第二的

9. 一年多来，习近平、李克强等中国领导人先后出访20多个国家，出席加强互联互通伙伴关系对话会、亚非领导人会议等，与有关国家元首和政府首脑**会晤**，就共建“一带一路”达成广泛共识。(　　)

A. 商量　　B. 讨论　　C. 会面　　D. 约定

10. 中国向世界证明，“一带一路”不仅是面向未来的宏伟蓝图，更是**脚踏实地**的深耕细作。(　　)

A. 认真思考　　B. 全面部署　　C. 细致深入　　D. 踏实认真

二、根据课文内容，判断正误

1.“一带一路”包括“丝绸之路经济带”和“21世纪海上丝绸之路”两个重大倡议。(　　)

2.“丝绸之路经济带”是2013年9月习近平主席访问哈萨克斯坦时，在纳扎尔巴耶夫大学发表的演讲中提出的倡议。(　　)

3. 东南亚地区既是“丝绸之路经济带”的重要枢纽，又是中国的海洋合作伙伴，中国希望同东盟国家一起建设“丝绸之路经济带”。(　　)

4. 2000多年前的汉朝已经出现了“一带一路”。(　　)

5. 古代的“丝绸之路”是多条由中国出发、经由陆路或海洋连接亚欧非的贸易和人文交流通道。(　　)

6.“丝绸之路精神”是指和平合作、开放包容、互学互鉴、互利共赢。（　　）

7. 中国提出建设“一带一路”仅仅是出于自身发展的考虑，与沿线国家的利益无关。（　　）

8.“一带一路”倡议提出后的第四年完成了“顶层设计”。（　　）

9. 中方将在“一带一路”建设中优先部署联通中国和孟加拉国、缅甸、老挝、柬埔寨、蒙古国、塔吉克斯坦等邻国的铁路、公路项目。（　　）

10.“一带一路”只是一个面向未来的宏伟设想，目前还没有任何实际的行动。（　　）

三、阅读课文段落，选择正确答案

1.“丝绸之路经济带”，诞生于2013年9月7日。这一天，习近平主席访问哈萨克斯坦，在纳扎尔巴耶夫大学发表演讲时倡议：为了使我们欧亚各国经济联系更加紧密、相互合作更加深入、发展空间更加广阔，我们可以用创新的合作模式，共同建设“丝绸之路经济带”。他说，这是一项造福沿途各国人民的大事业。

问：下列哪一句最能概括这段话的主要内容？（　　）

A. 习近平主席提出“丝绸之路经济带”的倡议

B. 习近平主席访问哈萨克斯坦并在大学发表演讲

C. 欧亚各国经济联系应该更加密切和深入

D.“丝绸之路经济带”可以造福沿途各国人民

2. 2013年10月3日，“21世纪海上丝绸之路”面世。这一天，习近平主席访问印度尼西亚，在国会演讲时提出：东南亚地区自古以来就是“海上丝绸之路”的重要枢纽，中国愿同东盟国家加强海上合作，使用好中国政府设立的中国—东盟海上合作基金，发展好海洋合作伙伴关系，共同建设“21世纪海上丝绸之路”。他说，中国愿同东盟国家共享机遇、共迎挑战，实现共同发展、共同繁荣。

问：下列哪一句最能概括这段话的主要内容？（　　）

A. 东南亚地区是古代“海上丝绸之路”的重要枢纽

B. 习近平主席访问印度尼西亚并在国会发表演讲

C. 习近平主席提出“21世纪海上丝绸之路”的倡议

D. 中国愿和东盟国家一起迎接机遇和挑战，共同繁荣发展

3. 前景催人，时不我待。2013 年秋天提出倡议，2014 年进入“务实合作”，2015 年“顶层设计”出炉，“一带一路”快速且步履坚实地向人们走来——3 月 28 日，《推动共建丝绸之路经济带和 21 世纪海上丝绸之路的愿景与行动》公布，为“一带一路”重大倡议画出了路线图。

问：这段话的主要内容是什么？(　　)

A. 未来在等待，但时间过得很快

B.“一带一路”进入“务实合作”阶段

C.“一带一路”出台“顶层设计”

D.“一带一路”倡议的快速实施

4. 美好愿景，需要落实。中白（白俄罗斯）工业园是构建丝绸之路经济带的标志性工程；中巴（巴基斯坦）经济走廊是“一带一路”旗舰项目；与此同时，中方高度重视联通中国和孟加拉国、缅甸、老挝、柬埔寨、蒙古国、塔吉克斯坦等邻国的铁路、公路项目，将在推进“一带一路”建设中优先部署。

问：关于“一带一路”的落实情况，课文列举了几个方面的例子？(　　)

A. 1 个　　B. 2 个　　C. 3 个　　D. 4 个

5. 日前，习近平主席出访欧亚三国，就丝绸之路经济带建设同哈萨克斯坦“光明之路”经济战略、欧亚经济联盟建设、欧亚地区经济一体化设想对接合作，与相关国家达成共识，签订大量项目，这将为欧亚大陆不断注入新的发展活力。

问：下列哪一句最能概括这段话的主要内容？(　　)

A. 习近平主席出访欧亚三国，同哈萨克斯坦签订项目

B. 习近平主席与欧亚三国达成共识，签订了大量项目

C. 欧亚三国之间已经就丝绸之路经济带建设达成共识

D.“一带一路”已经为欧亚大陆注入了新的发展活力

延伸阅读

“一带一路”不断做大“朋友圈”

“3年多前，我提出了‘一带一路’倡议。3年多来，已经有100多个国家和国际组织积极响应支持，40多个国家和国际组织同中国签署合作协议，‘一带一路’的‘朋友圈’正在不断扩大。”在世界经济论坛2017年年会开幕式上的主旨演讲中，习近平主席如是说。

“一带一路”倡议发出以来，“好友”数量不断增加，合作越来越广泛，“线下聚会”也即将开始——5月14日，“一带一路”国际合作高峰论坛将在北京举行。

朋友越来越多

“一带一路”“朋友圈”不断扩大的过程，书写了中国与沿线国家间一段难忘的交往史。

2013年9月，习近平主席在哈萨克斯坦访问时第一次提出“丝绸之路经济带”。甫一提出，哈萨克斯坦就表达了加入“朋友圈”的愿望，该国总统纳扎尔巴耶夫说：“中国好，哈萨克斯坦就好。哈萨克斯坦希望搭上中国经济发展的快车，愿同中方实现共同发展。”

有诚意，“朋友圈”就会不断壮大。很快，印度尼西亚、马来西亚、新加坡、泰国、柬埔寨、沙特阿拉伯、卡塔尔、斯里兰卡、土库曼斯坦、哈萨克斯坦、吉尔吉斯斯坦等多个国家，都与中国确认了共同建设“一带一路”的共识。在欧洲，2014年底，中东欧16国就已纷纷表达了共同推进丝路经济带建设的兴趣；2015年6月，匈牙利成了第一个和中国签署“一带一路”合作文件的欧洲国家；2015年10月，习近平主席的访英之旅，将“一带一路”合作延伸到了9000公里外的欧洲最西端。进入2017年，新西兰等发达国家也陆续加入其中。

认可“一带一路”的好友不只来自世界各国，还有国际组织。前不久，世界银行行长金墉表示，“一带一路”倡议不仅对中国政府非常重要，对世界银行也相当重要，中国目前在推动全球发展方面所起的领导作用，是世界上史无前例的。世行期待与中国政府的紧密合作。

得到高度认可

在“一带一路”“朋友圈”中，“点赞”“评论”量也很大。

2015年3月28日，中国国家发展改革委、外交部、商务部联合发布了《推动共建丝绸之路经济带和21世纪海上丝绸之路的愿景与行动》，用8部分内容，将背景、原则、思路、重点、机制、态势等一一阐明，引起世界强烈关注。

白俄罗斯总统卢卡申科的评价颇具代表性：中国向“一带一路”沿线国家提供贷款和先进技术，在此过程中中国表现得非常友好，不会将自己的利益强加于别国或者进行贸易扩张，这在世界上绝无仅有。

芬兰总统绍利·尼尼斯托表示：“在我看来这不仅仅是一个新的丝绸之路，不是一个简单的路带的概念，我想它更本质的是提倡‘互联互通’，这一点非常重要，它不仅是经济上的联通，而且还是一种精神上的联通。”

埃及总统塞西则表示，埃及支持“一带一路”倡议，将竭尽所能与中国一道推动倡议的实施。埃及正在实施长远的经济发展规划，希望与中国加强各领域的合作。

成效惠及世界

“一带一路”虽由中国首倡，但成果却惠及世界。正如习近平主席所言，中国人民张开双臂欢迎各国人民搭乘中国发展的“快车”“便车”。

利益是实实在在的。2016年，在国际市场需求持续低迷的局势下，中国与“一带一路”沿线国家贸易总额仍达到9535.9亿美元；截至今年3月，中国在沿线20个国家已建设56个经贸合作区，累计投资超过180亿美元，为东道国创造超过10亿美元税收、超过16万个就业岗位。

这个“朋友圈”开放而包容。在“一带一路”沿线国家，有蒙古国的“草原之路”、哈萨克斯坦的“光明之路”、俄罗斯的“欧亚经济联盟”、欧洲的“容克计划”等，许多沿线国家和地区把本国和本区域的发展战略与中国对接，一批重大标志性项目上马或投产，带动沿线各国经济共同发展。

倡议提出伊始，中国就对“一带一路”的“朋友圈”持开放态度。诚如2015年10月23日习近平主席在伦敦金融城中英工商峰会上所说，“一带一路”是开放的，是穿越非洲、环连亚欧的广阔“朋友圈”，所有感兴趣的国家都可以添加进入“朋友圈”。

可以预期，这个“朋友圈”还将继续扩大。

（1538字，有删节）

（选自《人民日报》海外版2017年5月10日第1版，记者：刘少华）

阅读短文，回答问题

1.“一带一路”的倡议是谁提出的？

____

____

2.“一带一路”的“朋友圈”指的是什么？

3. 在哈萨克斯坦总统纳扎尔巴耶夫看来，中国经济的发展速度怎么样？

4. 2014年底，中东欧有多少国家表达了共同建设丝路经济带的兴趣？

5. 第一个和中国签署“一带一路”合作文件的欧洲国家是哪一个？

6. 哪个国际组织表示“一带一路”倡议很重要？

7. 白俄罗斯总统卢卡申科如何评价中国在和“一带一路”沿线国家合作的过程中的表现？

8. 芬兰总统绍利·尼尼斯托认为“一带一路”的本质是什么？

9. 请以文章中的一个实际例子来说明“利益是实实在在的”。

10. 根据习近平主席在伦敦金融城中英工商峰会上的发言，哪些国家能够进入“一带一路”的“朋友圈”？

第六课　气候变化　中国如何应对

新闻背景

全球气候变暖不但会进一步增大自然生态系统和人类社会面临的风险，还将产生新的风险。政府间气候变化专门委员会（IPCC）第五次评估报告认为，人类活动导致全球变暖的可信度已超过95%。为了减轻气候变化对自然和人类社会的不利影响，中国采取了积极行动。

学习目标

1. 话题相关词汇：气温、冰川、海冰、海平面、温室气体、自然生态、极端天气、气候安全、节能减排、能耗强度、碳强度、单位GDP能耗、非化石能源、一次能源、碳交易
2. 新闻常见结构：……将进一步增大A和B的风险。根据……的分析，……A……。而……B……。

热身

1. 你知道全球气候在发生什么变化吗？
2. 你认为气候变化的原因和后果是什么？
3. 对于气候变化，你认为人类应该怎么做？

课文

气候变化　中国如何应对

围绕气候变化问题，国家发展改革委①发布了《中国应对气候变化的政策与行动2014年度报告》，国家发展改革委副主任解振华就气候变化问题介绍了中国所采取的行动。

一半以上全球变暖由人类造成

“1880年至2012年，全球地表平均气温大约上升了0.85摄氏度。自1771

年以来，全球冰川普遍出现退缩的现象，北极海冰面积以每十年3.5%～4.1%的速率缩小。20世纪以来，全球海平面上升19厘米，平均每年上升1.7毫米。”中国气象局局长郑国光列举了这些数字，指出近百年来全球气温升高、冰雪大范围融化、海平面持续上升等变化都是全球气候变暖的体现。

政府间气候变化专门委员会（IPCC）的报告显示，自工业化以来，人为温室气体排放上升，导致大气中二氧化碳、甲烷、氧化亚氮等温室气体浓度达到了过去80万年以来的最高水平。1750年至2011年间，人为累计二氧化碳排放达到了20400亿吨，其中近一半为近40年所排放。

“人类活动主要通过温室气体影响气候。20世纪以来全球气候变暖一半以上是由人类活动造成的。”IPCC第五次评估报告将这句话的可信度从2007年的90%以上提高到了95%以上。郑国光认为，这一表述既明确了人类活动与气候变化之间存在的因果关系，又对人类活动对气候变化的实际影响做出了量化分析，从一个侧面显示了气候变化研究在科学上的进步。

在郑国光看来，这个结论毋庸置疑。“全球有800余位科学家为此努力了6年，仅中国就有近千篇的论文被IPCC评估报告所引用。而这些都是经过同行评议后公开发表的研究成果，具有很强的科学基础性和政策导向性。”

气候变化产生新的风险

全球气候变暖将进一步增大自然生态系统和人类社会面临的风险，还将产生新的风险。根据中国气象局的分析，气候变化和极端天气气候事件造成中国各地旱涝频发，改变了中国水资源的时空分布。另外，生态安全风险升级，海洋、海岸带、森林、草场等生态环境受到严峻考验。而公众的健康安全风险也在加大，高温、干旱、洪涝、雾、霾等已经成为危害人类健康的重要因素。

“以粮食生产为例，气候变化使全国冬小麦、玉米和双季稻的平均单产分别减少5.8%、3.4%和1.9%。同时因水资源短缺，我国每年有1800万公顷至3200万公顷耕地受干旱影响，占播种面积12%～22%，且受旱面积不断增加。”郑国光在会后表示。

“我们提出了气候安全的理念。它是我国粮食安全、水资源安全、生态安全以及国家安全的重要前提，是应对气候变化和防灾减灾的重要基础。”郑国光表示，“气候变化对国家安全产生了重大威胁。”

应对气候变化既要适应也要减排

郑国光认为，我国可以采取积极主动的适应行动，调整和管理人类的活动，减轻气候变化对自然生态系统和人类社会的不利影响。

目前，中国气象局已建立了集气象灾害风险普查、识别、预警和评估于一体的气象灾害风险业务体系。同时，作为应对气候变化的重要举措，气象部门正在为风能、太阳能开发提供精细化的气象服务。

“但控制长期风险必须强化减缓排放，这会有效降低21世纪后期气候变化的影响。”郑国光说。

在节能减排方面，我国正在行动。据国家发展改革委副主任解振华介绍，今年前三季度，全国能耗强度和碳强度进一步降低，单位GDP能耗与去年同期相比下降了4.6%，碳强度下降了5%，森林蓄积量已经超额完成了“十二五”[②]的规划目标。我们非化石能源[③]占一次能源[④]消费比重去年年底已经达到9.8%，接近10%。截至2014年10月，全国的7个碳交易试点省市，共完成交易1375万吨二氧化碳，累计成交金额突破了5亿元人民币。

（1363字，有删节）

（选自《光明日报》2014年11月26日第6版，记者：詹媛）

生词

1. 融化	rónghuà	（动）	（冰、雪等）变成水。如：积雪～了。
2. 二氧化碳	èryǎnghuàtàn	（名）	一种无色无臭的气体，其化学式为CO_2。
3. 甲烷	jiǎwán	（名）	天然气的主要成分，其化学式为CH_4。
4. 累计	lěijì	（动）	加起来计算；总计。

5. 可信度	kěxìndù	（名）	值得信赖的程度。
6. 量化	liànghuà	（动）	使可以用数量来衡量。如：～标准。
7. 毋庸置疑	wúyōng zhìyí		不必怀疑。毋庸：不必。
8. 生态	shēngtài	（名）	生物的生理特性和生活习性。如：～环境。
9. 极端	jíduān	（形）	绝对；偏激。如：这种观点太～。
10. 洪涝	hónglào	（名）	洪水淹没农田所造成的灾害现象。如：～灾害。
11. 霾	mái	（名）	一种空气污染现象。
12. 公顷	gōngqǐng	（量）	土地面积的单位，1 公顷等于 1 万平方米。
13. 减排	jiǎnpái	（动）	减少有害物质的排放量，特指减少二氧化碳的排放量。如：节能～。
14. 普查	pǔchá	（动）	为了某种特定的目的而专门组织的全面调查。
15. 预警	yùjǐng	（动）	指在危险发生之前事先提出告警。
16. 精细	jīngxì	（形）	精密细致。如：这件玉饰做工～。
17. 节能	jiénéng	（动）	节约能源。
18. 能耗	nénghào	（名）	能量的消耗。
19. 超额	chāo'é	（动）	超出规定或预期的数额。
20. 试点	shìdiǎn	（名）	正式进行某项工作之前做小型试验的地方。

注释

①国家发展改革委

全称为“中华人民共和国国家发展和改革委员会”，是中国国务院职能机构。

②“十二五”

指的是《中华人民共和国国民经济和社会发展第十二个五年规划纲要（2011—2015年）》，简称“十二五”规划。

③非化石能源

指除了煤炭、石油、天然气等化石能源之外的能源，包括核能、风能、太阳能、水能、生物质能、地热能、海洋能等可再生能源。

④一次能源

指自然界中以原有形式存在的、未经加工转换的能量资源，又称天然能源。一次能源包括化石燃料（如原煤、石油、天然气等）、核燃料、生物质能、水能、风能、太阳能、地热能、海洋能、潮汐能等。

新闻常见结构

……将进一步增大 A 和 B 的风险。根据……的分析，……A……。而……B……。

全球气候变暖将进一步增大自然生态系统和人类社会面临的风险，还将产生新的风险。根据中国气象局的分析，气候变化和极端天气气候事件造成中国各地旱涝频发，改变了中国水资源的时空分布。另外，生态安全风险升级，海洋、海岸带、森林、草场等生态环境受到严峻考验。而公众的健康安全风险也在加大，高温、干旱、洪涝、雾、霾等已经成为危害人类健康的重要因素。

解析：

在评论性的新闻中，新闻惯用中心句来概括段落的主要内容，位置多见于段首。然后引用权部门发布的信息，从不同角度加以说明。这一段新闻首先概括全球气候变暖带来的风险，然后再“根据中国气象局的分析”从自然生态系统和人类社会两个角度对“面临的风险”进行说明。

练习

一、猜测词义

1. <u>人为</u>温室气体排放上升，导致大气中二氧化碳、甲烷、氧化亚氮等温室气体浓度达到了过去 80 万年以来的最高水平。（　　）

   A. 各种各样的　　B. 手工制作的　　C. 人们认为的　　D. 人类造成的

2. IPCC 的评估报告将这句话的**可信度**从 2007 年的 90% 以上提高到了 95% 以上。( )

A. 可信赖的程度　　B. 可达到的高度

C. 可理解的程度　　D. 可计算的程度

3. 在郑国光看来，这个结论**毋庸置疑**。( )

A. 值得怀疑　　B. 不必怀疑　　C. 放置不管　　D. 不能相信

4. 而这些都是经过同行评议后公开发表的研究成果，具有很强的科学基础性和政策**导向**性。( )

A. 限制　　B. 导致　　C. 指导　　D. 管理

5. 气候变化和极端天气气候事件造成中国各地旱涝**频发**，改变了中国水资源的时空分布。( )

A. 从未发生　　B. 偶尔发生　　C. 经常发生　　D. 容易发生

6. 我们提出了气候安全的**理念**。( )

A. 理想　　B. 信念　　C. 意义　　D. 概念

7. 目前，中国气象局已建立了**集**气象灾害风险普查、识别、预警和评估**于一体**的气象灾害风险业务体系。( )

A. 集中……在很多人身上　　B. 集中……在一个事物上

C. 集中……的优秀成果　　D. 吸取……各方面的长处

8. 作为应对气候变化的重要**举措**，气象部门正在为风能、太阳能开发提供精细化的气象服务。( )

A. 举行　　B. 措施　　C. 决定　　D. 行为

9. 控制长期风险必须**强化**减缓排放，这会有效降低 21 世纪后期气候变化的影响。( )

A. 变化　　B. 强大　　C. 增加　　D. 加强

10. 截至 2014 年 10 月，全国的 7 个碳交易**试点**省市，共完成交易 1375 万吨二氧化碳，累计成交金额突破了 5 亿元人民币。( )

A. 试验点　　B. 重点　　C. 测试点　　D. 要点

二、根据课文内容，选择正确答案

1. 造成气候变化的主要因素是（　　）

A. 全球冰川的退缩　　B. 北极海冰面积的缩小

C. 海平面的持续上升　　D. 温室气体的排放

2. 文中<u>没有</u>提到的温室气体是（　　）

A. 臭氧　　B. 二氧化碳　　C. 甲烷　　D. 氧化亚氮

3. 关于 1750 年至 2011 年间的数据，正确的表述是（　　）

A. 全球地表平均气温上升了 0.85 摄氏度

B. 北极海冰面积以每年 3.5%～4.1%的速度缩小

C. 全球海平面平均每年上升 1.7 毫米

D. 人为二氧化碳累计排放达到了 20400 亿吨

4. 人类活动影响气候变暖的主要方式是（　　）

A. 破坏海洋　　B. 发展工业　　C. 排放温室气体　　D. 进行科学研究

5. IPCC 的第五次评估报告进一步明确了（　　）

A. 全球气候变暖 95% 由人类活动所造成

B. 人类活动与全球气候变暖存在因果关系

C. 全球有数百位科学家都在研究气候变化

D. 中国在应对气候变化方面负有重要责任

6. 全球气候变暖带来的风险不包括（　　）

A. 水资源分布被改变　　B. 生态安全风险升级

C. 公众健康安全风险加大　　D. 粮食播种面积增加

7. 应对气候变化和防灾减灾的重要基础是（　　）

A. 气候安全　　B. 粮食安全　　C. 水资源安全　　D. 生态安全

8. 中国气象部门在应对气候变化方面采取的重要措施是（　　）

A. 调整和管理人类活动

B. 将气象灾害的风险集中起来

C. 为风能和太阳能的开发提供精细的气象服务

D. 进一步减少二氧化碳的排放

9. 中国应对全球气候变化的态度是（　　）

A. 消极抱怨　　B. 积极应对　　C. 缺乏信心　　D. 正在观望

10. 下列能够概括本文主要内容的是（　　）

A. 全世界的二氧化碳排放量

B. 全球气候变化与人类行为的关系

C. 气候变化与国家安全的关系

D. 气候变化的原因、后果以及中国的对策

三、阅读课文段落，回答问题

1. “1880年至2012年，全球地表平均气温大约上升了0.85摄氏度。自1771年以来，全球冰川普遍出现退缩的现象，北极海冰面积以每十年3.5%～4.1%的速率缩小。20世纪以来，全球海平面上升19厘米，平均每年上升1.7毫米。”中国气象局局长郑国光列举了这些数字，指出近百年来全球气温升高、冰雪大范围融化、海平面持续上升等变化都是全球气候变暖的体现。

问：这段文字中的数据说明了什么？

2. “人类活动主要通过温室气体影响气候。20世纪以来全球气候变暖一半以上是由人类活动造成的。”IPCC第五次评估报告将这句话的可信度从2007年的90%以上提高到了95%以上。郑国光认为，这一表述既明确了人类活动与气候变化之间存在的因果关系，又对人类活动对气候变化的实际影响做出了量化分析，从一个侧面显示了气候变化研究在科学上的进步。

问：“气候变化研究在科学上的进步”体现在哪些方面？

3. 全球气候变暖将进一步增大自然生态系统和人类社会面临的风险，还将产生新的风险。根据中国气象局的分析，气候变化和极端天气气候事件造成中国各地旱涝频发，改变了中国水资源的时空分布。另外，生态安全风险升级，海洋、海岸带、森林、草场等生态环境受到严峻考验。而公众的健康安全风险也在加大，高温、干旱、洪涝、雾、霾等已经成为危害人类健康的重要因素。

问：这段话的主题句是哪一句？

4.“我们提出了气候安全的理念。它是我国粮食安全、水资源安全、生态安全以及国家安全的重要前提，是应对气候变化和防灾减灾的重要基础。”郑国光表示，“气候变化对国家安全产生了重大威胁。”

问：气候安全的重要性体现在哪些地方？

5.在节能减排方面，我国正在行动。据国家发展改革委副主任解振华介绍，今年前三季度，全国能耗强度和碳强度进一步降低，单位 GDP 能耗与去年同期相比下降了 4.6%，碳强度下降了 5%，森林蓄积量已经超额完成了“十二五”的规划目标。我们非化石能源占一次能源消费比重去年年底已经达到 9.8%，接近 10%。截至 2014 年 10 月，全国的 7 个碳交易试点省市，共完成交易 1375 万吨二氧化碳，累计成交金额突破了 5 亿元人民币。

问：这段文字中的数据说明了什么？

延伸阅读

全球变暖助推北半球冰封　极端天气出现将更加频繁

今年入冬以来，“极地旋涡”引发的极端天气横扫北美，数十年一遇的低温和暴雪再次刷新了北美洲和欧洲一些国家对于极寒天气的认知。

其实去年冬天，“极地旋涡”所引发的“炸弹气旋”与“东方野兽”两股寒流已经让欧美等国的居民苦不堪言。面对此番卷土重来变本加厉的寒流，我们不禁要问：频繁袭击北半球的极寒天气与气候变暖到底有关系吗？

芝加哥的气温比南极还低

从1月28日开始，一股来自北极的强大寒流席卷了美国中西部地区，全美共有22个州出现了-18℃以下的极端低温，受灾人口逾1.4亿。

美国中西部是此次受寒流影响的重灾区。1月30日，这一地区的气温骤降到-40℃至-23℃之间，明尼苏达州部分地区的体感温度甚至达到-65℃。1月28日至2月3日的一周时间内，中西部地区近9000万人体验了-27℃甚至更低的气温，其中约2500万人遭受了-33℃的刺骨严寒。在恶劣天气的影响下，威斯康星州、伊利诺伊州、密歇根州、密西西比州和亚拉巴马州均宣布进入紧急状态。

芝加哥被美国有线电视新闻网称为"此次极寒天气的中心"。1月30日，该市出现-30℃的极端气温，低于南极洲的年平均气温-25℃，创下该市25年来的最低纪录。市区街道空无一人，公交车乘客寥寥无几，通勤市民必须"全副武装"才能抵御严寒——只要在户外稍稍站上几分钟，暴露在外的眉毛和睫毛就会出现冰晶。

多伦多体感温度逼近-50℃

这个让美国中西部地区饱受摧残的寒冬，同样给邻国加拿大带来不小的麻烦，接二连三的冻雨和暴雪，给该国居民的生活带来极大影响。

1月28日下午起，暴风雪和极寒天气席卷包括多伦多在内的大多伦多地区，大雪伴随着狂风，能见度下降到仅50米。至29日凌晨暴风雪停止时，多伦多部分街道上的积雪已深至膝盖。加拿大环境部的数据显示，这轮降雪给多伦多市中心带来了21厘米的积雪，上一次该市出现如此大的降雪还是在51年前。

暴风雪给当地交通带来巨大麻烦。由于路面打滑，许多道路陷入瘫痪，部分公交车停运。暴风雪还导致当地部分学校停课，大量航班也被迫取消。暴风雪结束后，极寒天气接踵而至。从1月29日开始，包括大多伦多地区在内的安大略省东南部地区经历了连续4天的极寒天气，气温骤降至-20℃以下，加上时速高达70公里的大风，体感温度逼近-50℃。有人在朋友圈开玩笑说，这场景酷似"流浪多伦多"。

英国和希腊气温反常暴跌

漫长的雪季对加拿大人而言或许已习以为常，但对于以气候温和著称的英国来说，就有些束手无策了。

1月3日，英国气象局和公共卫生部门针对英格兰北部和中部地区，发布了今年冬天的第一个寒潮预警。气象部门表示，一个类似于"东方野兽"的"极地旋涡"已经生成，并且正在向中纬度地区扩散，严寒天气将在2019年的第二周登陆英国，届时气温将骤降15℃，民众将在寒风和冰雪中度过整个1月。1月17日，伦敦上空飘起雪花，北部苏格兰地区更是大雪预警高挂，气温降至-11℃，成为英国今年入冬以来最为寒冷的夜晚。进入2月，极端天气进一步肆虐。2月1日，新一轮寒流袭击英国，英格兰和威尔士的气温在一夜之间暴跌至-15.4℃，仅略高于2012年创下的-15.6℃的低点。

在英国经历大范围冰雪天气之前，温暖的南欧国家希腊已经饱受了一场极端天气的肆虐。新年伊始，北极寒流“索菲亚”抵达地中海沿岸，给希腊中部和北部地区带来大范围降雪和低温，其中马其顿地区的气温在当天晚上降至-17℃，北部城市塞萨洛尼基则经历了数天的霜冻。首都雅典的气温1月3日起在零度上下徘徊，北郊飘雪，市区则降下大雨。

极端天气可能更频繁出现

世界气象组织去年11月底发布的《气候状况声明》指出，全球变暖趋势仍在继续，过去22年间，地球上出现了有记录以来的20个“最热年份”，其中最近4年占据了排行榜前4位。地球总体变暖是不争的事实，而北极地区的变暖速度是全球其他地区的两倍之多，在冬季，这种“北极放大效应”尤为明显。

“大型低压和极冷空气通常在北极上空盘旋，呈强风逆时针流动，以阻挡极地周围的冷空气。当暖空气侵入北极圈时，极地旋涡被削弱，使得冷空气团向南转移到欧洲、亚洲和北美地区。”美国航天局解释道。“极地旋涡”的不稳定性导致了席卷美国中西部地区的寒潮，加之美国地形主要由东西部南北走向的阿巴拉契亚山脉和落基山脉构成，中部横跨上千公里的大平原为冷空气的南下提供了便利，导致该国受极端天气的影响尤为严重。

随着全球变暖进一步发展，原有的气候模式被打破，极端天气可能更加频繁地出现。全球变暖需要各国携手应对。正如联合国秘书长古特雷斯所说，要避免出现全球性的气候乱象，“我们有集体责任”。

（1823字，稍有改动）

（选自《三湘都市报》2019年2月19日第E02版，来源：文汇报、光明网）

阅读短文，判断正误

1.“炸弹气旋”和“东方野兽”是“极地旋涡”引起的两股寒流。（　　）

2. 1月28日开始出现的寒流对美国中西部地区的影响很大。（　　）

3. 美国中西部地区遭受-33℃的刺骨严寒的人口多达9000万人。（　　）

4. 南极洲被美国有线电视新闻网称为“此次极寒天气的中心”。（　　）

5. 51年前，加拿大多伦多市曾出现过这种大雪天气。（　　）

6. 暴风雪导致多伦多地区出现了很多流浪的人。（　　）

7. 英国英格兰北部和中部地区的第一个寒潮开始于1月3日。（　　）

8. 寒流“索菲亚”导致希腊马其顿地区的气温在当天晚上下降到了-17℃。（　　）

9. 美国中西部地区的寒流与北极地区变暖有关。（　　）

10. 随着全球变暖进一步发展，极端寒冷的天气会逐渐减少。（　　）

第七课　繁华过后是极简

新闻背景

在这个“买买买”的消费时代，越来越多的年轻人不堪物欲之累，开始削减自己的过度消费，不断地进行着“断舍离”。他们试图过起经济、环保、轻松愉悦的极简生活，也更希望在简单的生活中品味人生，获得更大的精神自由。

学习目标

1. 话题相关词汇：买买买、精简、断舍离、极简、物欲、过度消费、舍弃、物质匮乏、极简主义、少即是多、物质欲望
2. 新闻常见结构：从……层面看，……。对……来说，……。而对……而言，……。

热身

1. 你经常“买买买”吗？买什么？
2. 如果买的东西过多，你会不会感到有压力？
3. 你听过“断舍离”这个词吗？它是什么意思？为什么有人要“断舍离”？

课文

繁华过后是极简

在这个“买买买”的消费时代，越来越多的青年和精英阶层反其道而行之，开始告别繁杂和奢侈，精简日用、精简程序、精简人际……不断“断舍离”，津津有味地过起经济、环保、轻松愉悦的极简生活。他们试图通过自己的努力，节省资源，保护环境；更希望在简单的生活中品味人生，获得更大的精神自由。

不堪物欲之累

如今，物质极大丰富，在带给人们方便的同时，也让很多人不堪过度拥有的重负，他们意欲对膨胀的物欲进行反抗。据报道，在百度、豆瓣等网络社区里，践行极简生活模式的人数已达好几万。其中，创建于2012年1月的豆瓣“极简生活”小组，就聚集着3万多名成员。

“极简生活”小组的一位组长介绍，自己与“极简”这么时髦的概念“勾搭”上始于“藏书”。他说，大学时期为了营造出书香门第的虚假繁荣，把家里的一面墙做成了书架，但整面墙的书籍，大部分未读，渐渐地还对自己形成了压力。某天，他以一个问题打破了僵局：如果只能拥有一本书，自己会留哪一本呢？辗转反侧一夜后，他只留下一本书，其他的都捐给了图书馆。看着那空空如也的书架，他感到无比轻松。之后的日子都改成了借书看。

马燕是位爱美的姑娘，大学毕业工作后买了许多漂亮的衣服。但随着衣柜日渐充实，自己却常常面对成堆的衣服无从下手，她陷入了选择的困境。一天公司聚会，马燕在家中不停地试穿各种裙子，不是与鞋子不搭，就是与头饰不配，最后，她懊恼地一下子坐在床上，突然间意识到，自己已沦为漂亮衣物的奴隶。

现代社会对资源过度汲取，造成了精神生活被大量抽空，很多人因此感到混乱和窒息。同济大学教授朱大可说，极简主义生活与其说是一种风尚潮流，不如说是人们在“互补意识”支配下产生的摆脱烦琐复杂、追求简单自然的心理。

削减过度消费

很多人误解极简生活是过苦行僧般的生活，其实不然，极简主义者遵循的是"谨慎地拥有，珍惜地使用，勇敢地舍弃"的原则，提倡在自己能力范围内购买优质商品，断舍离廉价物品，避免浪费，戒除冲动购物和过度消费的不良习惯。

2016年4月，有人在网上发起了"30天极简挑战"：第一天舍弃1件物品，第二天2件，逐日增加，直到月底的30件。在一天天的舍弃和清理中，参与者们惊奇地发现，自己已在不知不觉中囤积了很多无用之物。

"极简生活小组"的成员们不时在网上分享自己的精简方法，小组组长奥斯卡介绍自己的方法：一是二手交易，不适合你的衣服也许适合其他人；二是赠送朋友；三是捐赠贫困山区，为社会做出一份贡献；四是再利用，为环保做出一份贡献。

相比于受过物质匮乏伤害的父辈们，极简主义者们的内心更为自信和充实，他们相信"少即是多"，认为精简的是数量，但提高的是质量和品味。他们购物前常常给自己提4个问题：我真的需要吗？有没有其他东西可以代替？如果使用频率不高，是否可以租借？确定要购买的话，是我能承受的最好的吗？

极简理念已贯穿到了许多人生活的方方面面，有人将其概括为五大类：

物质欲望极简：如无必要，勿增实体；

精神极简：集中力量，办"正事"；

生活极简：规律生活，拒绝无用功；

工作极简：把握全局，专注当下；

信息极简：屏蔽干扰，主动学习。

精神也要极简

从社会层面看，极简主义生活方式具有减少浪费、节省资源的环保效应。对商家来说，需要生产制造更多高品质的精品。而对极简主义者个人而言，长期坚持不懈地实践"断舍离"，最终会有意想不到的物质和精神方面的双丰收。

比如追求物品少而精，很多人因此渐渐地戒掉了困扰多年的生活瘾：吃零食瘾、喝酒瘾、吸烟瘾、上网瘾，购物瘾……大量时间、精力和金钱被节省出来后，可以过更高品质的生活。网友宾果感慨，极简生活让消费少了很多，但却让自己有了更多旅游、学习的机会。凯利通过两年断舍离，争取做到家中的每件物品都让人怦然心动。从此，她再也没有了请客前一天慌忙打扫的窘态。她发自内心地感谢极简理念，结束了自己过去混沌的生活。一名小组成员在践行了一年之后，发现自己做事情不再拖延，减少了很多不必要的购物欲望，看到脏乱的地方也会想去清理。

更重要的是，很多极简生活实践者已升华到了精神世界的极简。一名小组成员说，我们每天面临的信息复杂凌乱，所以在生活上清理思绪中的垃圾更重要。奥斯卡反思道："因为我无法通过买买买的囤积生活找到幸福，所以我反叛了。极简引领我找到了人生方向吗？没有。是思考让我找到了人生方向。但是，思考的时间和空间来自极简的生活。"

（1765 字，稍有改动）

（选自《人民日报》海外版 2016 年 12 月 27 日第 12 版，记者：罗兰）

生词

1. 精英	jīngyīng	（名）	优秀的人才。
2. 奢侈	shēchǐ	（形）	花费钱财过多，享受过分。如：～品。
3. 精简	jīngjiǎn	（动）	去掉不必要的，留下必要的。如：～人员。
4. 津津有味	jīnjīn-yǒuwèi		形容趣味很浓或很有滋味的样子。
5. 不堪	bùkān	（动）	承受不了。如：～重负。
6. 膨胀	péngzhàng	（动）	泛指某些事物扩大或增长。如：欲望～。
7. 践行	jiànxíng	（动）	实行；实践。如：～诺言。
8. 书香门第	shūxiāng méndì		指上辈有读书人的家庭。
9. 僵局	jiāngjú	（名）	事情不好处理，停滞不前的局面。如：陷入～。
10. 辗转反侧	zhǎnzhuǎn-fǎncè		躺在床上翻来覆去地不能入睡，形容心中有事。
11. 空空如也	kōngkōngrúyě		空空的什么都没有。
12. 汲取	jíqǔ	（动）	吸取。如：～营养、～经验。

13. 窒息　zhìxī　（动）　呼吸困难，甚至停止呼吸。
14. 苦行僧　kǔxíngsēng　（名）　用苦行的手段修行的僧人，也泛指为实现目标而甘愿过苦日子的人。
15. 囤积　túnjī　（动）　储存（货物）。
16. 屏蔽　píngbì　（动）　用技术手段使信息无法传递。如：~信息。
17. 效应　xiàoyìng　（名）　反应和效果。如：名牌~、轰动~。
18. 窘态　jiǒngtài　（名）　十分尴尬的样子。
19. 混沌　hùndùn　（形）　糊里糊涂的样子。
20. 凌乱　língluàn　（形）　不整齐；没有秩序。如：~的头发。
21. 反叛　fǎnpàn　（动）　叛变；背叛。

新闻常见结构

从……层面看，……。对……来说，……。而对……而言，……。

从社会层面看，极简主义生活方式具有减少浪费、节省资源的环保效应。对商家来说，需要生产制造更多高品质的精品。而对极简主义者个人而言，长期坚持不懈地实践“断舍离”，最终会有意想不到的物质和精神方面的双丰收。

解析：

这一结构通常用来表达从不同的角度看待事情往往会有不同的理解。这一段对于“极简主义”的好处，作者分别从“社会”“商家”“极简主义者个人”三个角度进行了说明。

练习

一、猜测词义

1. 在这个“买买买”的消费时代，越来越多的青年和精英阶层<u>反其道而行之</u>。（　　）
   A. 采取相同的做法　　B. 采取相反的做法
   C. 采取不友好的做法　　D. 采取不合理的做法

2. 不断“**断舍离**”，津津有味地过起经济、环保、轻松愉悦的极简生活。(　　)

A. 舍不得分离　　B. 舍不得离开　　C. 舍弃、丢弃　　D. 买买买

3. 不断“断舍离”，**津津有味**地过起经济、环保、轻松愉悦的极简生活。(　　)

A. 有兴致　　B. 轻松　　C. 痛苦　　D. 无聊

4. **不堪**物欲之累。(　　)

A. 愿意承受　　B. 不愿承受　　C. 承受得了　　D. 承受不了

5. 如今，物质极大丰富，在带给人们方便的同时，也让很多人不堪过度拥有的重负，他们意欲对**膨胀**的物欲进行反抗。(　　)

A. 越来越多　　B. 越来越差　　C. 越来越少　　D. 越来越热

6. **辗转反侧**一夜后，他只留下一本书，其他的都捐给了图书馆。(　　)

A. 睡得很香　　B. 睡得很晚　　C. 睡得很累　　D. 睡不着觉

7. 看着那**空空如也**的书架，他感到无比轻松。(　　)

A. 什么都有　　B. 什么也没有　　C. 整整齐齐　　D. 乱七八糟

8. 最后，她懊恼地一下子坐在床上，突然间意识到，自己已**沦为漂亮衣物的奴隶**。(　　)

A. 被漂亮衣服所吸引　　B. 对漂亮衣服失去兴趣

C. 被漂亮衣服所控制　　D. 成为漂亮衣服的主人

9. 很多人误解极简生活是过苦行僧般的生活，其实**不然**。(　　)

A. 不是这样　　B. 完全正确　　C. 完全真实　　D. 很难判断

10. 相比于受过物质**匮乏**伤害的父辈们，极简主义者们的内心更为自信和充实，他们相信“少即是多”。(　　)

A. 质量差　　B. 质量好　　C. 数量多　　D. 数量少

二、根据课文内容，判断正误

1. 极简生活既环保又能使人获得精神自由。(　　)
2. 物质极大丰富的今天，人们对物欲的追求都是没有尽头的。(　　)
3. “极简生活”小组长因喜欢读书而把家里的一面墙做成了书架。(　　)
4. 漂亮衣服给马燕带来了很大的压力。(　　)
5. 极简主义生活仅仅是一种时尚潮流。(　　)
6. 极简生活就是要过苦日子。(　　)
7. 极简主义者更看重物品的数量而不是质量。(　　)
8. 不断地“断舍离”对物质和精神两个方面都有好处。(　　)

9. 极简主义生活方式可以提高人们的生活品质。（　　）

10. 奥斯卡认为，只要提倡极简生活，就能找到人生方向。（　　）

三、阅读课文段落，选择正确答案

1. 在这个“买买买”的消费时代，越来越多的青年和精英阶层反其道而行之，开始告别繁杂和奢侈，精简日用、精简程序、精简人际……不断“断舍离”，津津有味地过起经济、环保、轻松愉悦的极简生活。他们试图通过自己的努力，节省资源，保护环境；更希望在简单的生活中品味人生，获得更大的精神自由。

问：在这段话中，作者重点介绍了哪个概念？（　　）

A. 买买买　B. 精简　C. 断舍离　D. 极简生活

2.“极简生活小组”的成员们不时在网上分享自己的精简方法，小组组长奥斯卡介绍自己的方法：一是二手交易，不适合你的衣服也许适合其他人；二是赠送朋友；三是捐赠贫困山区，为社会做出一份贡献；四是再利用，为环保做出一份贡献。

问：以下哪一项适合作为这段话的小标题？（　　）

A. 精简生活小组　B. 精简生活的方法

C. 精简生活的定义　D. 精简生活的结果

3. 极简理念已贯穿到了许多人生活的方方面面，有人将其概括为五大类：

物质欲望极简：如无必要，勿增实体；

精神极简：集中力量，办“正事”；

生活极简：规律生活，拒绝无用功；

工作极简：把握全局，专注当下；

信息极简：屏蔽干扰，主动学习。

问：“物质欲望极简”提出了什么要求？（　　）

A. 如果没有必要，就不要买

B. 生活有规律，只做有价值的事

C. 排除无用信息，主动学习

D. 有全局意识，把眼前的事做好

4. 从社会层面看，极简主义生活方式具有减少浪费、节省资源的环保效应。对商家来说，需要生产制造更多高品质的精品。而对极简主义者个人而言，长期坚持不懈地实践“断舍离”，最终会有意想不到的物质和精神方面的双丰收。

问：这段话从几个角度说明极简主义的好处？（　　）

A. 1 个　　B. 2 个　　C. 3 个　　D. 4 个

5. 更重要的是，很多极简生活实践者已升华到了精神世界的极简。一名小组成员说，我们每天面临的信息复杂凌乱，所以在生活上清理思绪中的垃圾更重要。奥斯卡反思道：“因为我无法通过买买买的囤积生活找到幸福，所以我反叛了。极简引领我找到了人生方向吗？没有。是思考让我找到了人生方向。但是，思考的时间和空间来自极简的生活。”

问：这段话重点说明了什么？（　　）

A. 精神极简　　B. 生活极简　　C. 工作极简　　D. 信息极简

延伸阅读

“一个人”经济：为悦己而消费

即使不用各种数据，人们也能感知到，中国社会已经迎来了有史以来最大的一波“单身潮”。但个人消费并不局限于单身，它隐含的深层含义是，新时代的人更愿意为取悦独立的自己而消费。问题是，对个人消费的想象力到了什么程度？

来自安徽一座小城市的肖麦是那种典型的北漂女青年，来北京 8 年了，一直做新闻编辑，准备一直在这座城市生活下去，至今单身。从去年到今年，她最大的一笔消费是在北京买了房，直接原因是年过三十后，曾连哄带骗撒泼打滚逼她去相亲的父母猛然惊醒，意识到她真的可能会长久单身下去，于是雷厉风行地推动她，花了半年时间，在北京四环内买了一套一居室的房子。她父母在老家有体面的工作和薪水，首付是两位老人付的，房贷则是双方各付一半。

某种意义上，这个大型消费行为是一家人对她单身状态的接受和确认，没有任何人指望那个不知道会不会出现的另一半。买房子能让肖麦的单身生活更安定、更舒适，对她和她的父母来说，这就够了。事实上，让自己过得舒适，这也几乎是肖麦对自己生活消费的唯一标准。

自媒体达人喜欢向城市独立女青年推荐各种“生活必备”，但肖麦对包包、衣服、化妆品和奢侈品几乎算得上毫无感觉，逮着什么就用什么。原因当然不是因为她反消费主义，相反，如果某段时间她心血来潮，也会去商场狂扫一番，但总的来说，那种情况是偶然。

在真正的日常生活里，她有她自己的消费标准。虽然买房后她开始对挣钱和省钱这件事有了很多新的心得，比如最近她已经几个月没有购入一件新衣服了，但她还是坚持打车上班，因为她确实不太能忍受地铁，一是太挤，二是嫌安检麻烦，三是觉得消耗生命。她宁愿用节省下来的时间练习小提琴、写作、看书，或者仅仅只是在家瘫着不动。无论怎样，这些都是一种舒适状态，值得付出金钱。

她还报了小提琴课程，每周末去上一节课，每个月的花费超过1000元。她的表弟实在不能接受，她作为一个普通白领女生，累死累活的工作之余，花钱学习小提琴既不是为了考级，也不是要在网上做直播表演，简单来说，简直毫无产出。她只能向对方解释，“陶冶情操”。实际上，她心里嘀咕的是：“我这算什么呀，我老师的其他单身女学生，还有在学开飞机的呢，也不过就是为了玩而已。”

如果有人怀疑肖麦这种北京女文青生活方式的普适性，那王佳佳的例子也许更有代表性，并且也可以说明这种围绕生活舒适而展开的个人消费，正在从一线城市向中小城市扩散渗透。今年28岁的王佳佳住在四川遂宁，在一个几乎算得上“十八线”的西南小城市做房地产销售。她算是刚刚熬出头，因为周围早一波结婚生孩子的同龄人正在出现各种婚姻问题，她自己开始认真考虑“也许会一辈子单身”这样的可能性，她父母则开始学会对她的单身状态顺其自然。

在过了急切地想要摆脱单身的阶段，王佳佳抽屉里的化妆品消耗变得极为缓慢，甚至很多时候它们躺在那里过了期都还没用完。这不代表她对自己的生活敷衍，相反，她从三年前开始跑步，当时她就托朋友从北京的专卖店帮她购买专业跑鞋。去年开始，她在健身房里请了自己的私人健身教练，每节课200元，她平均每周会去2到3次，光这一项，几乎已经是她工资的一半。她的父母一开始无法理解，但很快就习惯了，“为了身体健康嘛”。

王佳佳还喜欢旅行，在25岁前几乎没有出过门的她，在有了独立的经济支配权后开始密集地旅行。有时候是在国内周边城市短期游，比如花两三天去一趟西安随便转转；大多数时候是去国外，比如去越南、泰国、尼泊尔和巴厘岛。王佳佳喜欢独自出门，她甚至抗拒和熟人一起旅行，因为结伴旅行几乎是一件高风险的人际交往。去年和一位前同事去越南，一路上两人分歧颇多，留下遍地小龃龉(jǔyǔ)。

在我的提醒下，王佳佳才算了算，她今年出门旅行已经花了超过 4 万元。但她的确认为自己是消费观念保守的人，至今没有信用卡，旅行消费全都来自实实在在的存款。作为普通的工薪族，她也的确在为买房焦头烂额，但她不觉得把钱花在频繁的旅行上有何遗憾。更为关键的是，这些“离经叛道”的消费行为，并未让身在小城市的王佳佳感觉到周围人异样的目光，或者这些异样目光远没有强烈到明显的程度。

事实上，《经济学人》杂志最早提出个人消费这一概念时，将之概括为“单身女性消费”。时至今日，日本经济学家大前研一则提出了更具概括性、涵盖也更广的概念：一个人的经济。“一个人的经济”包含的不只是狭窄的单身消费，还包括任何状态下仅仅为了取悦自己的独立消费行为。

在大前研一看来，一个人经济的核心在于，一个人生活最大的消费主张是，即使不便宜也要买自己喜欢的东西。而年轻人购买的则更多是一种生活方式，这种生活方式注定了“一个人的经济”囊括了各种消费场景和领域，背后不光是消费观念的转变，还有整个商业社会需要解决的商业难题。

（1916 字，有删节）

（选自《三联生活周刊》2017 年第 45 期，作者：王海燕）

阅读短文，回答问题

1. 什么是个人消费？

2. 肖麦的父母希望肖麦单身吗？

3. 肖麦的生活消费标准是什么？

4. 肖麦为什么不选择坐地铁上班？

5. 肖麦的表弟为什么不能接受她花钱上小提琴课？

6. 王佳佳是否从一开始就打算单身？

7. 王佳佳为什么喜欢独自旅行？

8. “更为关键的是，这些‘离经叛道’的消费行为”中的“离经叛道”是什么意思？

9. “一个人的经济”的内涵是什么？

10. “一个人的经济”的核心是什么？

第八课 “90 后”海归如何给自己打分

新闻背景

近年来，中国政府支持创新创业力度空前。越来越多海外留学人员选择回国，投身到祖国如火如荼的创新创业热潮中。那么，他们如何看待自己的海归身份和留学经历呢？他们又是怎样面对回国后的生活和工作的呢？

学习目标

1. 话题相关词汇：海归、海归潮、优越感、实力、光环、文凭、高人一等、人才济济、学历、游历

2. 新闻常见结构：谈及……，……。另外，……。除此之外，……。

热身

1. 毕业后，你想在中国就业，还是回国找工作？

2. 如果回国就业，留学经历对你将来找工作会有哪些帮助？如果在中国就业，你的优势又是什么？

课文

“90 后”海归如何给自己打分？

目前，中国已迎来最大规模的海归潮，大批出国留学的学子纷纷回国就业。“90后”海归已占据相当大的比例。那么，他们如何看待自己的海归身份和留学经历呢？他们又是怎样面对回国后的生活和工作呢？

认知一：
留学经历不带来优越感
工作中还要凭实力说话

在大批留学生纷纷回国就业的情况下，海归身份已褪去昔日神圣的光环，他们要和国内高校毕业生一样进入人才市场求职，在职场中奋力拼搏。在采访中，大多数学子表示，海归身份并不会给自己带来优越感，在工作中还是注重个人能力。

今年26岁的黄陶钧毕业于英国纽卡斯尔大学。2015年回国后，她在上海一家医药公司从事医药研发工作。对于海归潮，黄陶钧有着深刻感受：“我在上海切身感受到越来越多的留学生毕业后回国就业。大部分海归都涌入北上广深一线城市[①]。”

问及如何看待自己的海归身份，黄陶钧认为，“海归”只是一个标签，其实跟“研究生”“985”[②]等标签没什么不同。“‘海归’无非就是表示有留学背景。我们知道，国内院校的水平有高中低之分，其实国外的学校也一样。有人说‘国外回来的就是用钱买文凭’，也有人说‘国外回来的就一定高人一等’，这些结论的极端性显而易见。作为海归，还是客观地看待自己比较好。”

去年刚从美国留学归来的小程（化名）有着相似的看法。她认为海归身份不会给自己带来优越感，在工作中还要凭实力说话。“国内也是人才济济，工作中多看多问多学习才是王道。”小程说。

毕业于英国南安普顿大学的薄梦认为，海归身份不能代表个人的成功，也不能证明其具有出色的能力，只是表明曾有一段留学经历而已。“以前我觉得‘海归’是个光鲜又颇具实力的身份，但是近些年的留学热导致太多人因为各种各样的原因和目的出国留学，海归人员的能力和素质也参差不齐。‘海归’身份早已风光不再，司空见惯。尤其是进入工作单位之后，所有的身份都会淡化，重要的还是能力与经验。同事希望你是个高效的工作伙伴，工作单位也只关注你的个人能力所带来的效益。这些都只能用工作成果来证明。一纸学历在这时候是很苍白的。”薄梦说。

认知二：
留学经历拓宽了视野
提升了自身适应能力

接到吴逸豪的采访回复是在夜里 1 点钟。繁忙的工作使得他只能在临睡前接受采访，言语间还因回复得晚而带着些许歉意。这名 24 岁的海归去年毕业后回国，在上海一家律师事务所找到了一份理想的工作。虽然经常熬夜加班，要把大部分的个人时间投进去完成繁重的工作任务，但是吴逸豪表示能够接受现在的状态，同时他会挤出固定时间，安排一些自己喜欢的事情做，以此来缓解压力。

谈及留学经历，吴逸豪表示对自己的影响很大。“在留学期间，我去欧洲的 10 个国家进行游历和学习，这拓宽了我的视野，重新塑造了我对世界的认知和看法，回国之后再看待任何问题，都会试图用一种包容的态度去理解和感受。另外，留学经历增强了我独立生活的能力，以及快速适应新环境的能力。”除此之外，在留学期间形成的思考问题的方式方法，对他在工作中处理事情也很有帮助。

小程也表示，自己现在的适应能力很强。这个重庆姑娘高中毕业后就出国留学，去年毕业回国后直奔北京，进入一家传媒公司从事采编工作。“我的专业是法律，但是在学校的时候我就对传媒很感兴趣。虽然是非本专业就业，但是还是在回国一周内就找到了工作，而且很快融入了新环境。”

留学时光是一段宝贵的人生经历。每个学子都有不同的收获，但在采访中笔者了解到一个共同点——曾经独在异乡的生活提升了海归的适应能力。

认知三：
留学经历助力找到工作
但也需要适时调整目标

在采访中，笔者了解到，不少学子在真正进入职场后，才认识到留学期间所学的知识与工作所需之间还有一定的差距，需要在工作中调整目标，同时不断学习新的东西以适应工作需要。

黄陶钧回国后从事的第一份工作是在实验室进行医药研发，但是她在工作过程中意识到，学生时期定下的目标其实并不适合自己。于是她重新在各大招聘网站上投递简历，最终跳槽去了另一家公司。“大概工作了半年时间，因为健康问题我不得不重新考虑职业发展。跳槽的时候，有了之前的经历，就业目标更加具体，对专业也有了更深刻的了解。”黄陶钧说。

薄梦在求职过程中也发现，现实并不是自己想象中的样子，于是便适时做出了调整。“我对游戏行业很感兴趣，所以回国后就开始撒网式地投简历、网申，前后投了很多家游戏公司，最终选中一家上市游戏公司实习。但是，工作后我发现，游戏行业的人员流动性很大。虽然收益可观，但是要承受的风险与压力非常大，与自己之前预想的很不一样。在家人的建议下，我逐渐转变想法，趋向于找一个更加稳定的工作。最后经过多方权衡，我选择到一家科研机构的国际交流部门工作，负责国际合作项目的联络、组织和管理。”

（1894字，稍有改动）

（选自《人民日报》海外版2017年3月25日第9版，作者：苏木）

生词

1. 优越感	yōuyuègǎn	（名）	自己以为比别人优越的意识。
2. 切身	qièshēn	（形）	亲身经历的。如：～感受。
3. 文凭	wénpíng	（名）	毕业证书。
4. 高人一等	gāorényìděng		比别人高出一等。
5. 显而易见	xiǎn'éryìjiàn		（事情、道理）非常明显，很容易看清楚。

6. 济济	jǐjǐ	（形）	形容人多。如：人才～。
7. 参差	cēncī	（形）	长短、高低、大小不齐；不一致。如：～不齐。
8. 司空见惯	sīkōng-jiànguàn		指看惯了就不觉得奇怪。
9. 拓宽	tuòkuān	（动）	开拓使宽广。如：～路面、～思路。
10. 视野	shìyě	（名）	眼界。如：拓宽～。
11. 塑造	sùzào	（动）	通过培养、改造使人或事物达到某种预定的目标。
12. 传媒	chuánméi	（名）	传播媒介，特指报纸、广播、电视、网络等各种新闻工具。
13. 采编	cǎibiān	（动）	采访和编辑。如：～新闻、～人员。
14. 跳槽	tiàocáo	（动）	原指牲口离开原来的槽头而到别的槽头去吃食。比喻人离开原来的职业或单位到别的单位或改变职业。
15. 网申	wǎng shēn		网上申请。
16. 上市	shàngshì	（动）	股票、债券、基金等经批准后在证券交易所挂牌交易。
17. 收益	shōuyì	（名）	生产上或商业上的收入。如：增加～。
18. 权衡	quánhéng	（动）	衡量、考虑。如：～利弊、～得失。
19. 联络	liánluò	（动）	彼此交接；接上关系。如：～感情。

注释

①一线城市

指的是在全国政治、经济等社会活动中处于重要地位并具有主导作用和辐射带动能力的大都市。中国大陆的一线城市一般指北京、上海、广州、深圳，简称“北上广深”。

②“985”

即“985 工程”，指的是中国政府为建设若干所世界一流大学和一批国际知名的高水平研究型大学而实施的高等教育建设工程。1998 年 5 月 4 日由当时的国家主席江泽民提出，1999 年正式启动建设。

新闻常见结构

谈及……，……。另外，……。除此之外，……。

谈及留学经历，吴逸豪表示对自己的影响很大。“在留学期间，我去欧洲的10个国家进行游历和学习，这拓宽了我的视野，重新塑造了我对世界的认知和看法，回国之后再看待任何问题，都会试图用一种包容的态度去理解和感受。另外，留学经历增强了我独立生活的能力，以及快速适应新环境的能力。”除此之外，在留学期间形成的思考问题的方式方法，对他在工作中处理事情也很有帮助。

解析：

针对某一话题发表意见时，可用“谈及”引出话题，并概括对话题的总体看法，接着使用“另外，……。除此之外……”进行分项及补充说明。这一段新闻首先提出对话题“留学经历”的总体认识，然后用“另外”“除此之外”等词语将“拓宽了我的视野，重新塑造了我对世界的认知和看法”“增强了我独立生活的能力，以及快速适应新环境的能力”和“在留学期间形成的思考问题的方式方法，对他在工作中处理事情也很有帮助”三部分分项说明连接起来。

练习

一、猜测词义

1. 在大批留学生纷纷回国就业的情况下，海归身份已褪去昔日神圣的**光环**，他们要和国内高校毕业生一样进入人才市场求职，在职场中奋力拼搏。（　　）

   A. 带光的圈　　B. 带光的花环　　C. 优越感　　D. 好的名声

2. 我在上海**切身**感受到越来越多的留学生毕业后回国就业。（　　）

   A. 贴身　　B. 随身　　C. 亲身　　D. 亲自

3. 黄陶钧认为，“海归”只是一个**标签**，其实跟“研究生”“985”等标签没有什么不同。（　　）

   A. 记号　　B. 标准　　C. 卡片　　D. 榜样

4. 有人说“国外回来的就是用钱买文凭”，也有人说“国外回来的就一定高人一等”，这些结论的极端性**显而易见**。（　　）

   A. 很明亮　　B. 很明显　　C. 值得怀疑　　D. 很矛盾

5. "国内也是人才**济济**，工作中多看多问多学习才是王道。"小程说。(　　)

A. 没有人　　B. 人少　　C. 人多　　D. 不多不少

6. 工作中多看多问多学习才是**王道**。(　　)

A. 喜欢的方法　　B. 错误的方法　　C. 正确的方法　　D. 适合的方法

7. "海归"身份早已风光不再，**司空见惯**。(　　)

A. 很奇怪　　B. 不奇怪　　C. 不习惯　　D. 不适应

8. 我对游戏行业很感兴趣，所以回国后就开始**撒网式**投简历、网申，前后投了很多家游戏公司，最终选中一家上市游戏公司实习。(　　)

A. 精准的　　B. 盲目的　　C. 小范围　　D. 大范围

9. 虽然收益**可观**，但是要承受的风险与压力非常大，与自己之前预想的很不一样。(　　)

A. 值得看　　B. 数量多　　C. 数量少　　D. 不多不少

10. 最后经过多方**权衡**，我选择到一家科研机构的国际交流部门工作，负责国际合作项目的联络、组织和管理。(　　)

A. 比较　　B. 计算　　C. 计划　　D. 决定

二、根据课文内容，选择正确答案

1. 关于目前的海归就业形势，错误的说法是(　　)

A. 失去了以前的优势　　B. 海归身份仍具有优势

C. 仍然需要努力工作　　D. 需要到人才市场求职

2. 对于海归，黄陶钧的认识是(　　)

A. 海归的文凭是用钱买来的　　B. 海归比国内毕业生水平高

C. 海归只能表明有留学经历　　D. 海归的知识水平都差不多

3. 小程和薄梦的共同看法是(　　)

A. 在工作中能力更重要　　B. 海归身份依然具有优越感

C. 国内的人才也非常多　　D. 海归的能力和素质存在差异

4. 关于吴逸豪目前的工作，正确的说法是(　　)

A. 不需要熬夜加班，所以感觉很满意

B. 工作任务繁重，一点个人时间也没有

C. 虽然压力比较大，但总体上还能够接受

D. 工作压力大，所以他想要辞职

5. 留学经历**没有**给吴逸豪带来哪种影响？（　　）
   A. 拓宽视野　　B. 增强生活独立性
   C. 重新认识世界　　D. 用中国思维思考问题
6. 关于小程回国后的工作，正确的说法是（　　）
   A. 跟法律有关　　B. 工作很难找
   C. 地点在重庆　　D. 专业与工作不对口
7. 留学经历为每个学子带来的共同收获是（　　）
   A. 适应能力更强　　B. 眼界更加开阔
   C. 态度更加包容　　D. 专业知识更强
8. 根据采访，海归进入职场后（　　）
   A. “海归”光环让他们具有更多的优越感
   B. 需要调整目标和不断学习来适应工作
   C. 所学的知识完全可以满足工作的需要
   D. 留学经历在工作中发挥了很大的作用
9. 关于黄陶钧的工作，正确的说法是（　　）
   A. 做过医药销售工作　　B. 被另一家公司辞退了
   C. 成立了大型招聘公司　　D. 跳槽让她对就业更加理性
10. 薄梦在找工作的过程中发现（　　）
   A. 实际的工作跟预想的完全不一样　　B. 撒网式投递简历很高效
   C. “海归”要适当地调整自己　　D. “海归”的工资不太高

三、阅读课文段落，回答问题

1. 在大批留学生纷纷回国就业的情况下，海归身份已褪去昔日神圣的光环，他们要和国内高校毕业生一样进入人才市场求职，在职场中奋力拼搏。在采访中，大多数学子表示，海归身份并不会给自己带来优越感，在工作中还是注重个人能力。

问：通过采访，作者得出什么结论？

2. 问及如何看待自己的海归身份，黄陶钧认为，“海归”只是一个标签，其实跟“研究生”“985”等标签没什么不同。“‘海归’无非就是表示有留学背景。我们知道，国内院校的水平有高中低之分，其实国外的学校也一样。有人说‘国外回来的就是用钱买文凭’，也有人说‘国外回来的就一定高人一等’，这些结论的极端性显而易见。作为海归，还是客观地看待自己比较好。”

问：黄陶钧认为，“海归”这个标签意味着什么？

3. 谈及留学经历，吴逸豪表示对自己的影响很大。“在留学期间，我去欧洲的10个国家进行游历和学习，这拓宽了我的视野，重新塑造了我对世界的认知和看法，回国之后再看待任何问题，都会试图用一种包容的态度去理解和感受。另外，留学经历增强了我独立生活的能力，以及快速适应新环境的能力。”除此之外，在留学期间形成的思考问题的方式方法，对他在工作中处理事情也很有帮助。

问：留学经历给吴逸豪带来了哪些影响？

4. 在采访中，笔者了解到，不少学子在真正进入职场后，才认识到留学期间所学的知识与工作所需之间还有一定的差距，需要在工作中调整目标，同时不断学习新的东西以适应工作需要。

问：面对所学知识与工作需要之间的差距，海归在工作中应该怎么做？

5. 薄梦在求职过程中也发现，现实并不是自己想象中的样子，于是便适时做出了调整。“我对游戏行业很感兴趣，所以回国后就开始撒网式地投简历、网申，前后投了很多家游戏公司，最终选中一家上市游戏公司实习。但是，工作后我发现，游戏行业的人员流动性很大。虽然收益可观，但是要承受的风险与压力非常大，与自己之前预想的很不一样。在家人的建议下，我逐渐转变想法，趋向于找一个更加稳定的工作。最后经过多方权衡，我选择到一家科研机构的国际交流部门工作，负责国际合作项目的联络、组织和管理。”

问：面对现实与想象之间存在的差距，薄梦在工作上做出了怎样的调整？

延伸阅读

海归求职，找的到底是什么

薪水？待遇？价值观认同？海归在找工作的时候，想找的到底是什么？

日前，智联招聘发布《2019中国年度最佳雇主评选报告》，站在评价雇主的角度，或许能更深层读懂求职者的选择与偏好。而对于广大归国留学生来说，如何调整好就业心态以更好地面对职场，是摆在每个人面前的一道必答题。

认同企业价值观

今年是毕业于美国西北大学的詹文回国工作的第三个年头。回顾自己找工作的经历，詹文告诉记者，企业的价值观是她最为看重的因素。

“认同企业的价值观是非常重要的，这与工资待遇是两码事。”詹文说。“对我们来说，当真正认可一家企业秉承的价值观或者真正尊重它整套企业文化的时候，我们会更愿意继续做下去，哪怕别的公司可能待遇更好。”

就像智联招聘CEO郭盛在2019中国人力资本国际管理论坛上所说的那样，如今对企业内部的共生而言，拥有共同的信仰非常重要，即价值观要一致。“现在员工对企业是非常挑的，‘90后’‘95后’非常挑，员工要看到公司的价值观和自己的一致。目前95%的员工选企业的时候会把价值观一致作为非常重要的选择标准。”

对价值观的考察也是相互的。郭盛表示，企业挑员工，以前是着重看技能，后来是看重素质，现在更多的则是看动机，动机就是价值观。企业与员工想要共同发展，共同的价值观就是其中非常重要的基础，有时这些价值观甚至会落实到非常实在的层面上，比如能不能带着宠物、周末要不要加班等。“这是工作与生活的关系，是非常具体的价值观问题。”郭盛说。

“面包、牛奶”是基础

智联招聘执行副总裁李强在接受本报记者采访时表示，不同年龄段求职者所看重的雇主文化、价值观虽各有偏重，但总的来说这些诉求之间的差异在逐步缩小，求职者所欣赏的企业价值观正在趋同。“‘诗和远方’‘牛奶、面包’这些可以兼得。给予员工足够的尊重，志同道合的伙伴可以在一起工作，实现良好的团队配合。同时，公司要有合适的组织机制、报酬机制、激励机制，能够让员工在这样的环境下做好工作，实现良好的社会价值。”

事实上，在发布的《2019中国年度最佳雇主评选报告》中有一个现象值得关注。大学生对于第一份工作的预期收入呈现逐年攀高趋势，2019年大学生预期收入达到6884元，比2018年高出300余元。

如今不少年轻人具有非常强烈的企图心，也认为自己可以创造更大的价值，因此追求高回报。不过，李强同时提醒，现实工作中，当自身实际工作技能与企业所具体要求的技能匹配出现问题时，很可能就会打击其工作积极性。

“有时在工作中遇挫，也可以转化为动力。无论是本土毕业生还是海归，如何提升自己以更符合企业的技能要求，从而获得更高的回报，这些值得深入思考，也需要引导。”李强说。对海归毕业生来说，也应学会建立正确的择业观和职业价值观，来预判自己可能对企业产生的价值。

理想城市展抱负

回国伊始，选择在哪座城市开始就业或创业生涯，将直接影响自己今后几年甚至十几年的发展路径。相较北上广深，杭州、成都、南京、西安等“新一线”城市如今吸引了越来越多的关注目光，对于吸引人才来说，城市之间的竞争不只是GDP的竞赛，一座城市全面的“品牌实力”更为重要。

有的城市历史悠久，有的城市青春洋溢，有的城市高校林立……每座城市都有属于自己的专属气质，也会吸引投缘的海归慕名而来。在今年的“中国年度最佳雇主评选”中，首次从“雇主”的角度来观察城市在人才吸引、保留和发展中的表现，从人才的流动和活力角度去衡量城市品牌的影响力。

不仅关注城市的引才政策，同时观察一个城市的人才保留和发展情况，或许会为许多海归求职者提供更多参考。

通过大数据分析非本地户籍人才离开该城市的可能，即可统计出当年该城市非本地户籍求职者投递外地城市的人才比例。当这一比例较高时，表明该城市人才流失风险较高，人才保留较差，反之则表明该城市人才保留较好。从数据分析来看，千万以上人口城市的人才保留情况最好，流失率仅为14%。对于人口数在500万～1000万级的城市来说，这一比例为18%；对于人口数在100万～500万级的城市来说，这一比例为15%。

以非本地户籍人才流失率仅为7.04%的成都来说，在人才吸引和保留上建立了极具影响力的品牌“蓉漂”，并围绕“蓉漂”人才工作品牌开展了一系列口碑和效果显著的工作。凭借引才留才的诚意，成都曾位列“海归就业创业最爱城市”第三名，紧随在北京和上海之后。而在此次评选中，成都、宁波、青岛、无锡、广州市海珠区和苏州高新区共同位列最佳引才城市榜单，或许，更多海归人才正在前往这些城市的路上，怀揣梦想，期待大展才华。

（1804字，稍有改动）

（选自《人民日报》海外版2019年12月4日第10版，记者：孙亚慧）

阅读短文，判断正误

1. 海归回国后，如何更好地面对职场是他们必须要面对的问题。（　）
2. 詹文认为，企业的价值观与工资待遇不是一回事，她更看重后者。（　）
3. “90后”“95后”海归在找工作时，非常看重公司所提供的工资待遇。（　）
4. 现在，企业和员工都非常看重对方的价值观是否与自己一致。（　）
5. “诗和远方”指的是工资待遇，“牛奶、面包”指的是价值观。（　）
6. 报告显示，大学生对于第一份工作的预期收入一年比一年高。（　）
7. 当年轻人的工作技能不能满足企业的需要时，他们很可能会失去工作的积极性。（　）
8. 北上广深等“一线城市”始终是海归就业时的首选城市。（　）
9. 在吸引人才方面，城市GDP高就一定能吸引到更多人才。（　）
10. 通过大数据可以看出，城市人口规模越大，城市的人才流失率越小。（　）

第九课　中国“90后”登台亮相

新闻背景

转眼间，“90后”也开始步入而立之年，成为中国前进的主力军。他们成长在中国繁荣与和平的大环境下，经历了中国经济的快速发展。与其他代际群体相比，他们爱国，他们追求自我实现，他们要用人生理想定义青春。

学习目标

1. 话题相关词汇：迷茫、困惑、拖后腿、使命、代际群体、自信式爱国、历史包袱、原住民、顾虑、焦虑、颓废主义、功利主义、个人主义、负面标签
2. 新闻常见结构：在……看来，之所以……，(是因为)……。

热身

1. 你是“90后”吗？在你们这一代人身上有哪些共同特点？
2. 你认识中国的“90后”吗？他们是一群什么样的人？

课文

中国“90后”登台亮相

他们是在中国繁荣与和平时期长大的一代人，爱国主义情感早早扎根在他们心里，被外媒称为中国骄傲的“自来水”。

他们乐观、自信、务实，渴望“诗和远方”，希望人生有更多新体验。

面对未来，他们也有迷茫、困惑和压力，担忧“拖祖国后腿”。

他们，就是人数达1.9亿的中国“90后”（1990～1999年出生的一代人）。

中国进入新时代，“90后”使命重大。记者采访了10名“90后”男女生后发现，他们虽然背景、经历不同，但和中国其他代际群体相比，作为在中国经济腾飞时期成长起来的一代，他们的所乐与所愁更具时代性和特殊性。

自信式爱国

18岁的陈洁今年考上了山西大同大学法律系，这个夏天是她第一次离开家乡——一个位于贵州省西南部的小乡村。她说：“国家的强大是个人发展的前提。我相信祖国会越来越强大，让越来越多的孩子走出大山。”

和两名大学同学创办了杭州悟乎文化创意有限公司的林才标说：“我始终相信国家发展会越来越好。”他举例说，10年前，他回家要换乘很多次车，现在坐高铁几个小时就到了。

在与“90后”交谈中，记者能明显感受到他们身上的爱国主义情感，而且这种情感十分理性。中国青少年研究中心青年研究所所长邓希泉是一名专门研究青年问题的“70后”。他通过多年的追踪数据对比发现，在量上，90%的“90后”爱国主义意识非常强烈，与“80后”具有一致性，明显高于“60后”“70后”；在质上，他将“80后”“90后”的爱国称为“自信式爱国”。

他表示，之所以做这样的区分，与中国改革开放以来取得的巨大成就有关。和“60后”“70后”相比，“80后”“90后”出生在中国经济的腾飞时期，拥有了更多“出去看看”的机会，“越出国越爱国”。

在北京大学新闻与传播学院助理教授王洪喆看来，“90后”的爱国主义之所以广受关注，还与他们身上的历史包袱少同时又是互联网最早的原住民有关——他们乐于在网络等公开场合表达爱国情感，让这种情感有了更多可见性。

自我实现与现实压力

10名受访者中，6人已经工作，他们有的是政府公务员，有的是私企员工，有的自己创业。初涉职场，他们在追求自我实现和应对现实压力间寻找平衡。

25岁的张哲茜出生在中国东北的辽宁省。由于成绩优异，她考上了中国著名学府北京大学中文系。今年，硕士毕业的她顺利通过公务员考试，进入中央政府一个部门工作。虽然工作稳定，朋友羡慕，但是张哲茜已定下计划：未来到基层去实践锻炼。她说：“我需要学会与农民打交道，了解更全面的中国。”

26岁的赵安琪在广东深圳一家私企上班，她对目前的工作状态很满意。同时，即便面临住房、收入等压力，她也没有放弃当一名作家的梦想。下班后，她会花一些时间看书，并在网上写点东西。她说：“读书能丰富精神世界，满足好奇心和想象力，我希望写出一些激动人心的故事。”

林才标和同学王善杨、宋之裕则选择了更为艰辛的创业道路。4年前，热爱动画的他们从中国美术学院毕业，创立了“Wuhu动画人空间”，承接商业广告。宋之裕说：“这个时代的机会很多，我们对于创业风险没考虑那么多。”

自我价值实现的意识和意愿明显，是很多“90后”在职业规划中表现出的突出特征。邓希泉分享了他的调研发现：中国“60后”“70后”在做职业选择时，对收入、就业地点、离家远近、福利待遇等更加看重，“90后”则不仅关注收入，还关注自我发展空间。“当他们自我效能感明显时，收入是处于第二位的选项，有时甚至不太在乎收入。”

无悔追求与迷茫焦虑

23岁的小雪（化名）小时候的梦想是出国留学。经过多年苦读，她做到了，现在成为美国宾夕法尼亚大学的一名学生。她说：“人生中最重要的东西是坚持自我，实现理想。”

她认为，人生只有一次而且如此短暂，不要总是顾虑太多、束手束脚。她计划未来尽可能多地尝试自己喜欢的事情。

不过，在采访中，像小雪这样“明确知道自己喜欢什么、将来想干什么”的比例并不高。很多受访者对独自面对来自社会、工作、家庭等各方面的压力表现出迷茫和焦虑，并对个人利益十分看重。

一些批评者将“90后”群体表现出的这种倾向归结为颓废主义、功利主义或个人主义，如果借用鲁迅笔下九斤老太①的说法，那就是“一代不如一代”。

邓希泉并不赞同给新进入社会的一代贴上负面标签，因为在访问中，很多受访者将“成就感”“自由”“美满家庭”“舒适”等作为理想人生要素。

如何引导青年人书写好人生华章？邓希泉认为有两个字十分重要。一个字是“爱”，各级政府、全社会要充满爱心，采取包容和积极视角来看“90后”对社会产生的影响。另一个字是“严”，在信任基础上对新一代严加看护，并为青年不断创造和优化成长环境。

邓希泉说：“希望多年之后，当‘90后’一代回忆往事时，并不是感官娱乐和刺激的苍白回忆，而是青春时为了人生理想付出的辛劳、结出的硕果。”

（1897字，有删节）

（选自《人民日报》海外版2017年11月20日第5版，记者：韩维正、彭训文）

生词

1. 亮相	liàngxiàng	（动）	比喻公开露面。
2. 扎根	zhāgēn	（动）	比喻深入到人群或事物中去，打下基础。如：～基层。他在农村扎了根。
3. 迷茫	mímáng	（形）	形容生活或工作不知道该如何进行，没有方向感。
4. 使命	shǐmìng	（名）	多指重大的责任。如：历史～。
5. 代际	dàijì	（形）	两代人之间的。如：～关系、～差异。
6. 包袱	bāofu	（名）	比喻某种负担。如：思想～。
7. 原住民	yuánzhùmín	（名）	在某地方最早定居的人。
8. 创业	chuàngyè	（动）	创办事业。如：艰苦～。
9. 基层	jīcéng	（名）	各种组织中最低的一层，跟群众的联系最直接。如：～单位、深入～。
10. 艰辛	jiānxīn	（形）	艰苦。

11. 承接　chéngjiē　（动）　承担；接受。如：这家公司主要～商业广告。
12. 调研　diàoyán　（动）　调查研究。
13. 效能　xiàonéng　（名）　利用技能去完成某项工作的能力。如：～感明显。
14. 顾虑　gùlǜ　（名）　因担心对自己、对别人或对事情不利而产生的顾忌和忧虑。如：打消～。
15. 束手束脚　shùshǒu-shùjiǎo　形容做事顾虑多，不敢放手去干。
16. 归结　guījié　（动）　总的概括并得出结论。如：原因很复杂，～起来共三个方面。
17. 颓废　tuífèi　（形）　意志消沉，精神不振作。如：～的生活。
18. 功利　gōnglì　（名）　指功效和利益（多含贬义）。如：追求～、～主义。
19. 华章　huázhāng　（名）　华美的诗文（多用于称赞颂扬）。
20. 硕果　shuòguǒ　（名）　大的果实。比喻巨大的成绩。

注释

①九斤老太

出自中国著名文学家鲁迅的作品《风波》。因为作品中老太太的丈夫“老太公”出生时重九斤，所以老太太被人称作“九斤老太”。“一代不如一代”是她的口头禅。

新闻常见结构

在……看来，之所以……，（是因为）……。

在北京大学新闻与传播学院助理教授王洪喆看来，“90 后”的爱国主义之所以广受关注，还与他们身上的历史包袱少同时又是互联网最早的原住民有关——他们乐于在网络等公开场合表达爱国情感，让这种情感有了更多可见性。

解析：

新闻常用此结构来表达某人对某一事情原因的分析。这一段用“在……看来”引出王洪喆的观点，并用“之所以……，（是因为）……”结构分析“90后”的爱国主义广受关注的原因是他们身上的历史包袱少同时又是互联网最早的原住民。此外，该段又使用破折号引出补充说明“‘90后’乐于在网络等公开场合表达爱国情感”。

练习

一、猜测词义

1. 他们乐观、自信、务实，渴望“**诗和远方**”，希望人生有更多新体验。（　　）

   A. 写诗和旅行　B. 忙忙碌碌　C. 勉强生活　D. 精神追求

2. 面对未来，他们也有迷茫、困惑和压力，担忧“**拖**祖国**后腿**”。（　　）

   A. 走在别人前面　B. 阻碍别人前进

   C. 跟别人一起行动　D. 不跟别人合作

3. 中国进入新时代，“90后”**使命**重大。（　　）

   A. 责任　B. 力量　C. 负担　D. 命令

4. 和中国其他代际群体相比，作为在中国经济**腾飞**时期成长起来的一代，他们的所乐与所愁更具时代性和特殊性。（　　）

   A. 刚刚起步　B. 快速发展　C. 上下波动　D. 已经结束

5. “90后”的爱国主义之所以广受关注，还与他们身上的历史**包袱**少同时又是互联网最早的原住民有关。（　　）

   A. 责任　B. 义务　C. 负担　D. 动力

6. 当他们自我**效能**感明显时，收入是处于第二位的选项，有时甚至不太在乎收入。（　　）

   A. 效率　B. 效果　C. 能力　D. 能够

7. 人生只有一次而且如此短暂，不要总是**顾虑**太多、束手束脚。（　　）

   A. 牵挂　B. 照顾　C. 欲望　D. 忧虑

8. 人生只有一次而且如此短暂，不要总是顾虑太多、**束手束脚**。（　　）

   A. 把手脚捆在一起　B. 严格要求自己

   C. 没有远大理想　D. 不敢放手去干

9. 邓希泉并不赞同给新进入社会的一代贴上**负面标签**，因为在访问中，很多受访者将“成就感”“自由”“美满家庭”“舒适”等作为理想人生要素。（　　）

   A. 不好的定义　B. 好的定义　C. 表示同意　D. 表示怀疑

10. 希望多年之后，当“90后”一代回忆往事时，并不是感官娱乐和刺激的<u>苍白</u>回忆，而是青春时为了人生理想付出的辛劳、结出的硕果。(　　)

A. 拥有活力　　B. 缺少活力　　C. 值得骄傲　　D. 值得怀疑

二、根据课文内容，判断正误

1. “90后”跟其他群体相比没有什么特殊之处。(　　)
2. 陈洁认为，先有个人发展才有国家的强大。(　　)
3. “80后”和“90后”的爱国主义意识都很强。(　　)
4. “90后”喜欢把爱国情感深深地藏在心里。(　　)
5. 张哲茜选择去基层是出于自我实现的需要。(　　)
6. 赵安琪为了实现自己的作家梦而放弃了私企的工作。(　　)
7. 跟自我发展相比，“90后”都更看重收入。(　　)
8. 小雪认为，如果有理想就应该大胆去追求。(　　)
9. “90后”已经得到了社会的普遍认可。(　　)
10. 邓希泉认为，青年人的发展需要引导。(　　)

三、阅读课文段落，选择正确答案

1. 在与“90后”交谈中，记者能明显感受到他们身上的爱国主义情感，而且这种情感十分理性。中国青少年研究中心青年研究所所长邓希泉是一名专门研究青年问题的“70后”。他通过多年的追踪数据对比发现，在量上，90%的“90后”爱国主义意识非常强烈，与“80后”具有一致性，明显高于“60后”“70后”；在质上，他将“80后”“90后”的爱国称为“自信式爱国”。

问：这段话的主要内容是什么？(　　)

A. “90后”的爱国主义情感很强烈，很理性
B. 邓希泉是一位专门研究青年问题的“70后”
C. 在量上，“90后”爱国主义意识非常强烈
D. 在质上，“90后”的爱国是“自信式爱国”

2. 在北京大学新闻与传播学院助理教授王洪喆看来，“90后”的爱国主义之所以广受关注，还与他们身上的历史包袱少同时又是互联网最早的原住民有关——他们乐于在网络等公开场合表达爱国情感，让这种情感有了更多可见性。

问：“90 后”的爱国主义受到社会广泛关注的原因是什么？（　　）

A. 历史给他们带来沉重的负担

B. 他们是互联网的最早研究者

C. 喜欢在网络等公开场合表达爱国情感

D. 虽然爱国，但不轻易表达

3. 26 岁的赵安琪在广东深圳一家私企上班，她对目前的工作状态很满意。同时，即便面临住房、收入等压力，她也没有放弃当一名作家的梦想。下班后，她会花一些时间看书，并在网上写点东西。她说：“读书能丰富精神世界，满足好奇心和想象力，我希望写出一些激动人心的故事。”

问：赵安琪的例子体现了“90 后”的什么特点？（　　）

A. 自信式爱国　B. 现实压力很大　C. 迷茫和焦虑　D. 注重自我实现

4. 自我价值实现的意识和意愿明显，是很多“90 后”在职业规划中表现出的突出特征。邓希泉分享了他的调研发现：中国“60 后”“70 后”在做职业选择时，对收入、就业地点、离家远近、福利待遇等更加看重，“90 后”则不仅关注收入，还关注自我发展空间。“当他们自我效能感明显时，收入是处于第二位的选项，有时甚至不太在乎收入。”

问：下列哪一句最能概括这段话的主要内容？（　　）

A.“90 后”在职业规划时更注重收入

B.“90”后在职业规划中注重自我价值的实现

C.“60 后”“70 后”在选择职业时更看重收入

D.“60 后”“70 后”和“90 后”都很看重自我价值的实现

5. 如何引导青年人书写好人生华章？邓希泉认为有两个字十分重要。一个字是“爱”，各级政府、全社会要充满爱心，采取包容和积极视角来看“90 后”对社会产生的影响。另一个字是“严”，在信任基础上对新一代严加看护，并为青年不断创造和优化成长环境。

问：这段话主要关注的是什么问题？（　　）

A. 引导青年人书写好人生华章的方法

B. 青年人书写好人生华章的方法

C.“90 后”应该做到“爱”和“严”

D.“爱”和“严”之间的关系

延伸阅读

你们要逃离的"北上广"，只是"焦虑"的代名词

当我们在说"逃离北上广"时，我们要逃离的到底是什么呢？

"逃离北上广"，嗯，几乎是每月必谈的话题。可这话题总能引发讨论，说明它有击中我们痛点之处。或许这痛点连着高房价、雾霾、上下班高峰期挤地铁的糟心、总被老板和客户紧逼的压力……这这那那的痛点，总在催熟自己内心萌动却又被自己强行掐灭的念头："离开这该死的城市吧。"

但逃离之后能去哪儿？家乡？可家乡回得去吗？可能回得去，但这意味着要切换模式，得直面之前逃离的东西：被逼相亲、逼婚、逼生……以往每逢年关把自己从"×漂"切换成"游子"的我们，总免不了跟父母"不相见时想念，相见后心烦"，而从大城市逃离到家乡后，我们得习惯"心烦"的日常化。

慢节奏里无动力，我们或许还得安于一眼能看得到头的未来，安于被涵养成形的价值观体系被七大姑八大婆的闲话给揉碎。

那干脆洒脱些，喂马，劈柴，周游世界？那你得去找马、找斧头，环游前还得带上地图、手机、充电宝，再学点外语……我的天，好麻烦，还是梦游世界吧。网上有句话很戏谑：曾梦想仗剑走天涯，因太胖取消原计划。我们可能刚走到家楼下，就兴尽而返了。毕竟，我们没法离地飞升。我们不是武侠里的人物，每天飞檐走壁行侠仗义就行了，无须每日三省吾"食"：早上吃啥，中午吃啥，晚上吃啥。在考虑诗和远方前，我们还得用"眼前的苟且"给大脑供氧攒些能量。

想逃离，又没法逃离。在这二者间踯躅（zhízhú），其实也是在"理想"和"现实"间打转。

你说不上，为了理想奋不顾身和着眼现实脚踏实地，究竟哪个更好。前者你可以说是"诗和远方"，也可以说成"布尔乔亚式[1]的矫情"；后者你可以说是务实，但也拦不住有人把它说成"苟且"。

而逃离或不逃离，也没有好和更好，只有坏和没那么坏。也正因此，几乎每次有人喊着要"逃离"，都有"逃回"的声音隔空回应式地泛起。

逃离，有道理；不逃离，也有道理。这些道理看上去都很在理，都能挠人心窝，可归根结底，它的主题就是两个字：

焦虑。

这年头，焦虑就是公众情绪合并之后最大的同类项。我们会为房子焦虑，会为空气焦虑，也会为被逼婚焦虑，为各种琐碎的事焦虑……《士兵突击》里有句台词说：生活就是问题连着问题。这些问题给我们盛上了满满一大碗的“焦虑”，让我们撑得爆。

事实上，我们在说到逃离时，“逃离”后面连着“北上广”，未必是个地域概念，而是心理状态。我们想逃离北上广，本质上是为了逃离焦虑。

这类焦虑，或许带有普适性。就在前两天，我还看到报道说，逃离“北上广”的故事，不只在中国发生。前不久，《纽约邮报》的头条新闻就叫作“人们正以惊人的速度逃离纽约”。这也跟房价有关系：根据《纽约城市负担能力报告》，2016年纽约居民的房租支出将占到家庭总收入的65.2%。换句话说，纽约居民收入的三分之二，贡献给了房子。

焦虑是抹不去的现实。但正视焦虑，没必要把它说得绝望。逃离北上广跟在家乡浑噩度日之间，本就有着广阔的回旋空间；而留在北上广，或许也能挣得某些自由。现实还不至于能窒息普通人的深呼吸。

我有报社的前同事，从上学到工作，在北京总共待了10年，但2015年初还是离开北京，去了苏州。离开之后，他起初的确很不适应，写文章说每次在网上电视上看到北京，心中总有一阵说不出来的隐痛。但现在他过上了节奏没那么快的生活，日子过得挺滋润。没什么绝对的“逃离不了”，有时候是我们高估了在得失之间调适的阵痛。

而待在北上广，用“偶作逃离”去找些乐趣、对冲压力，生活或许也就不全是“房价＋雾霾”。在大城市，我们坚信能为“世界那么大，我想去看看”攒下更多的本钱。压力未必是没法回避的，乐趣往往也是自己找的。

离开或不离开，其实我们都可以理直气壮些，而不必用上悲情的“逃”字。在焦虑面前，除非我们束手就擒，否则我们还不至于无还手之力。

（1536字，稍有改动）

（选自《光明网·时评频道》2017年4月21日，作者：佘宗明）

注释：

①布尔乔亚

布尔乔亚是一个音译词，来自法语词“Bourgeoisie”，它的意思是资产阶级。现在比较流行的看法是，布尔乔亚是以具备一定经济基础作为特征的一类人。

阅读短文，回答问题

1. “逃离北上广”击中的是生活在大城市的人的哪些痛点？

2. 逃离到家乡的人必须要面对哪些问题？

3. “逃离北上广”的人能否轻松地追求“诗和远方”？为什么？

4. “逃离”与“不逃”实际上是对什么做选择？

5. 公众的焦虑情绪都来自哪些方面？

6. “逃离北上广”中的“北上广”实质上指向的是什么心理状态？

7. 人们“逃离纽约”的原因是什么？

8. 作者用前同事的例子来说明什么？

9. 在大城市，对冲压力的有效办法是什么？

10. 面对焦虑，我们真的无能为力吗？

第十课　新打工一代："30岁以下年轻人几乎不再务农"

新闻背景

20世纪70年代末，中国出现了最早的一批农民工。而现在，新生代农民工已然成为农民工群体的主力。与老一代农民工"进城务工，挣钱回家"的务工模式不同，新生代农民工对城市生活充满了渴望。

学习目标

1. 话题相关词汇：务农、新生代、务工、产业转型升级、劳动力转移、城镇化、新经济领域、人力资本
2. 新闻常见结构：以A和B为例。A……，但B却……。（很重要的）原因在于……。

热身

1. 你所在的城市有农民工吗？他们大多从事什么样的工作？
2. 农民工为什么放弃留在农村而到城市里打工？

课文

新打工一代："30岁以下年轻人几乎不再务农"

在上一代打工者渐渐老去之前，新生代打工者早已悄然外出务工。然而，在产业转型升级背景下，他们所面临的挑战也更加严峻了。为此，我们专访了常年研究农村劳动力转移的张林秀教授。

三联生活周刊： 您一直关注农村劳动力转移问题。我国农村劳动力的转移有什么特点？

张林秀： 在发展经济学中有一个铁规律（Iron Law），任何国家在发展初期，农业人口都占据了大部分，而当经济发展、收入增长时，农业人口开始降低，从乡村转移到城镇，就业从农业部门转到非农业部门。无论选择什么样的经济

和政治制度，这都是一个铁规律，其过程就是现代化和城镇化的过程。根据世界银行（The World Bank）数据，世界上没有任何一个国家和地区在人均收入达到高等水平时，农业人口还超过 10%。最典型的例子有韩国、新加坡等国，都是上个世纪 50 年代以农业为主的国家，收入水平很低，而现在人均收入已到发达水平，农业人口占比也很低。中国也将会沿着这条铁规律走。

三联生活周刊：您的团队曾在跨度 20 年的时间里做过四轮跟踪调研。从最近一次调研来看，农村劳动力转移有哪些新的趋势？

张林秀：第一，非农就业的比例持续上升。1995 年大概只有 30% 的农村劳动力在全职非农就业，2015 年这一数字超过 70%。第二，不同性别、不同年龄段非农就业比例都在上涨。在上世纪 90 年代，外出打工的都是年轻人，但随着时间推移，中老年人也出来了，而且增幅更大。第三，年轻人（30 岁以下）几乎都在非农行业工作。现在年轻人完成非农转型比他们的父辈还要早很多，转型早就完成了。在 1998 年，年龄为 16～20 岁、21～25 岁的农民中，从事非农行业比例分别为 60%、54.7%，到了 2015 年这组数字是 91.5%、90.3%。虽然比例还不到 100%，但 30 岁以下的人几乎没人从事农业生产了。根据调研，剩下约 10% 的那些年轻人可能压根儿就不工作。

三联生活周刊：打工二代（30 岁以下）与打工一代呈现出什么差异？

张林秀：新一代年轻人的非农就业转型完成得更早，将来再从事农业的可能性更小。第一，他们对土地没有感情基础，老一代人还有些感情基础；第二，农业生产的回报率相对较低，他们也更缺乏农业技巧，不会种地了。老一代农民工目前出现了一些回流现象，城里挣不到钱了可回去种地。但年轻人无论有没有工作，他们都会继续在城里寻求营生。

三联生活周刊：很多新生代打工者辗转多地后不想进工厂，更愿意从事送外卖、送快递等新经济领域的工作。您如何看待这种现象？

张林秀：互联网新经济其实是不稳定的，是依靠互联网平台爆发式的增长带来的岗位需求。万一这个平台没了，下一步怎么办？归根结底这些还是属于服务行业，不算实体经济，门槛也不高。这部分群体将来能有什么技能，还很难说。目前，外卖、快递的不低碳与滴滴[①]的安全问题已被关注。一旦有了行业约束和洗牌后，平台的动向和岗位需求还很难说。

三联生活周刊：很多打工者担心会被机器换人、智能制造等产业升级措施给取代。这有可能吗？他们的出路又在哪儿？

张林秀：智能制造是会削减岗位，但不可能一下子全部代替。关键在于，人自己得准备好。无论是被机器人代替，还是被比你知识水平和技能高的人代替，其实是一回事。在奥地利，如果你想做一个农民，先决条件就是农学院的毕业证，对农田农艺要求非常高。所以应该担心的不是机器人来代替，而是被有更高技能的人代替。

职业教育和成人培训会改进一点，但是成人之后再培训成本更大、效率更低，所以我们一再强调在他们要学技能前把知识水平巩固了，高中毕业肯定比初中辍学强。他们肯定会有担忧，这种担忧只有提升自己能力之后才会消失，否则就只能从一个行业转到另一个类似行业，重复这样的工作。

三联生活周刊：您一直强调教育在农村劳动力转移中的作用，尤其是高中教育。为什么？

张林秀：从发展经济学的角度，中国经济已经从增长转到了发展。发展的挑战比纯粹增长多很多。根据铁规律，中国非农转型已完成了大半，应该挖掘下一阶段增长动力。现在中国大陆经济的人工成本在快速上升，工资已经是亚洲各地区的第六高，仅次于日本、韩国、新加坡以及中国的香港、台湾地区，但我们的生产率是否能跟得上？很大程度上取决于教育推动人力资本提升。

以韩国和墨西哥为例。韩国顺利完成了从低工资收入到高工资收入的转型，跨越了“中等收入陷阱”②，成为发达国家，但墨西哥却没有。很重要的原因在于教育差异。在韩国，上世纪80年代，无论在城市还是乡村，几乎每个学生都完成了高中教育，在经济开始转型时，较高素质的劳动力能够胜任经济和岗位升级的需求。而在墨西哥，城乡教育差距明显，在农村只有40%的孩子上高中，城里有70%～80%，这些劳动力难以适应经济和岗位升级的需求和挑战，最终墨西哥没能跨越这个陷阱。

实证研究也表明，教育对劳动力转移的工资、职业代际流动影响也很大，受过更高教育的劳动力，小时工资也更高，职业更好。教育无用论是很容易打脸的。一个没有接受高中及以上教育的工人往往会有读写困难，基本不懂英文，缺乏计算机技术等基本技能，很难适应经济转型需求。

（2001字，有删节）

（选自《三联生活周刊》2018年第39期，记者：黄子懿）

生词

1. 新生代	xīnshēngdài	（名）	指新一代年轻人；新的一代。
2. 悄然	qiǎorán	（形）	形容寂静没有声音。如：三月的樱花～开放。
3. 务工	wùgōng	（动）	做工，打工。
4. 转型	zhuǎnxíng	（动）	社会经济结构、文化形态、价值观念等发生转变。如：经济～。
5. 跨度	kuàdù	（名）	泛指距离。如：时间～大。
6. 压根儿	yàgēnr	（副）	根本；从来（多用于否定式）。如：我～就不认识他。
7. 回报	huíbào	（动）	报答。
8. 回流	huíliú	（动）	流出去的又流回来。如：农民工～。
9. 辗转	zhǎnzhuǎn	（动）	经过许多人的手或经过许多地方。如：～多地，他最终还是回到了家乡。
10. 门槛	ménkǎn	（名）	比喻进入某范围的标准或条件。
11. 低碳	dītàn	（形）	温室气体（以二氧化碳为主）排放量较低的。如：～环保、～生活。
12. 洗牌	xǐpái	（动）	重新整理牌。比喻打乱旧局面、旧秩序，重新整合。如：中国大陆手机市场将要重新～。
13. 辍学	chuòxué	（动）	中途停止上学。
14. 纯粹	chúncuì	（形）	不掺杂别的成分，纯正。如：～的爱情像晶莹的冰块，无瑕透明。
15. 陷阱	xiànjǐng	（名）	为捉野兽或敌人而挖的坑。如：落入～。
16. 实证	shízhèng	（名）	实际的证据。

注释

①滴滴

“滴滴”即“滴滴出行”，是涵盖出租车、专车、快车、顺风车、代驾及大巴等多项业务在内的一站式出行平台。

②中等收入陷阱

一些国家在人均收入达到世界中等水平以后发生的经济发展状态，由于不能顺利实现经济发展战略和方式的转变，导致经济增长力不足，最终出现经济长期停滞。

新闻常见结构

以 A 和 B 为例。A……，但 B 却……。(很重要的) 原因在于……。

以韩国和墨西哥为例。韩国顺利完成了从低工资收入到高工资收入的转型，跨越了“中等收入陷阱”，成为发达国家，但墨西哥却没有。很重要的原因在于教育差异。在韩国，上世纪 80 年代，无论在城市还是乡村，几乎每个学生都完成了高中教育，在经济开始转型时，较高素质的劳动力能够胜任经济和岗位升级的需求。而在墨西哥，城乡教育差距明显，在农村只有 40% 的孩子上高中，城里有 70% ～ 80%，这些劳动力难以适应经济和岗位升级的需求和挑战，最终墨西哥没能跨越这个陷阱。

解析：

对某一观点进行举例说明时可使用“以 A 和 B 为例”结构，其中 A 和 B 代表了正反两方面的例子，然后使用“A……，但 B 却……”进一步具体说明。对出现 A 和 B 正反两面的现象进行原因分析时，可使用“(很重要的) 原因在于”这一结构。

练习

一、猜测词义

1. 在发展经济学中有一个**铁规律**。（ ）

A. 炼铁的方法　　B. 不变的规律　　C. 重要的规律　　D. 奇怪的规律

2. 根据调研，剩下约 10% 的那些年轻人可能**压根儿**就不工作。(　　)

A. 到底　　B. 总之　　C. 绝对　　D. 根本

3. 但年轻人无论有没有工作，他们都会继续在城里寻求**营生**。(　　)

A. 谋生　　B. 养生　　C. 经营　　D. 经验

4. 互联网新经济其实是不稳定的，是依靠互联网平台**爆发式**的增长带来的岗位需求。(　　)

A. 稳定　　B. 缓慢　　C. 迅速　　D. 持续

5. 归根结底这些还是属于服务行业，不算实体经济，**门槛**也不高。(　　)

A. 工具　　B. 条件　　C. 阻力　　D. 困难

6. 目前，外卖、快递的不**低碳**与滴滴的安全问题已被关注。(　　)

A. 环保　　B. 污染　　C. 安全　　D. 高效

7. 一旦有了行业约束和**洗牌**后，平台的动向和岗位需求还很难说。(　　)

A. 把牌重新整理好　　B. 维持原来的格局

C. 打破原来的格局　　D. 平衡原来的格局

8. 我们一再强调在他们要学技能前把知识水平巩固了，高中毕业肯定比初中**辍学**强。(　　)

A. 上学　　B. 放学　　C. 复学　　D. 退学

9. 现在中国大陆经济的人工成本在快速上升，……，但我们的生产率是否能跟得上？很大程度上取决于教育推动**人力资本**提升。(　　)

A. 劳动力的态度　　B. 劳动力的数量　　C. 劳动力的质量　　D. 劳动力的年龄

10. 教育无用论是很容易**打脸**的。(　　)

A. 被否定　　B. 被肯定　　C. 有面子　　D. 丢面子

二、根据课文内容，选择正确答案

1. 以下哪一项符合张林秀所说的"铁规律"？(　　)

A. 在发展初期，农业人口占小部分

B. 经济发展时，农业人口出现增长

C. 经济发展时，农业人口会留在农村

D. 经济发展时，农业人口从事非农业部门的工作

2. 最近的一次农村劳动力转移出现了什么新趋势？（　　）

A. 非农就业的比例出现下降

B. 中老年人非农就业的比例出现增长

C. 中老年人外出打工的比例出现下降

D. 30 岁以下的年轻人都从事农业活动

3. 跟打工一代相比，打工二代（　　）

A. 缺乏农业技巧，不会种地　　B. 对土地有深厚的感情

C. 挣不到钱就回去种地　　D. 在城里有稳定的工作

4. 关于送外卖、送快递等新经济领域的工作，正确的说法是（　　）

A. 十分稳定　　B. 借助互联网　　C. 门槛很高　　D. 是实体经济

5. 根据张林秀的观点，打工者更应该担心的是被谁取代？（　　）

A. 机器人　　B. 智能制造　　C. 更高技能的人　　D. 农学院的学生

6. 如果打工者不想被他人取代，最好的办法是（　　）

A. 接受职业教育　　B. 参加成人培训　　C. 不要过早辍学　　D. 不断尝试新工作

7. 根据铁规律，中国下一阶段的增长动力来自（　　）

A. 加快经济转型　　B. 加快产业升级　　C. 提高人工成本　　D. 提升人力资本

8. 墨西哥没能跨越“中等收入陷阱”，原因是（　　）

A. 城乡教育差异明显　　B. 城乡人口比例失衡

C. 经济和岗位升级　　D. 工资收入过低

9. 关于劳动者应该具备的基本技能，文中<u>**没有**</u>提到以下哪一项？（　　）

A. 阅读和写作　　B. 外语　　C. 计算机技术　　D. 人际交往能力

10. 以下哪一项符合张林秀的观点？（　　）

A. 城镇化不是一个国家发展的必然趋势

B. 农业生产对劳动者的回报率比较高

C. 劳动者应该接受更高层次的教育

D. 打工者更应该担心被机器取代，而不是人

三、阅读课文段落，回答问题

1. 在发展经济学中有一个铁规律，任何国家在发展初期，农业人口都占据了大部分，而当经济发展、收入增长时，农业人口开始降低，从乡村转移到城镇，就业从农业部门转到非农业部门。无论选择什么样的经济和政治制度，这都是一个铁规律，其

过程就是现代化和城镇化的过程。根据世界银行数据，世界上没有任何一个国家和地区在人均收入达到高等水平时，农业人口还超过10%。最典型的例子有韩国、新加坡等国，都是上个世纪50年代以农业为主的国家，收入水平很低，而现在人均收入已到发达水平，农业人口占比也很低。中国也将会沿着这条铁规律走。

问：发展经济学的"铁规律"指的是什么？有哪些典型的例子？

2. 新一代年轻人的非农就业转型完成得更早，将来再从事农业的可能性更小。第一，他们对土地没有感情基础，老一代人还有些感情基础；第二，农业生产的回报率相对较低，他们也更缺乏农业技巧，不会种地了。老一代农民工目前出现了一些回流现象，城里挣不到钱了可回去种地。但年轻人无论有没有工作，他们都会继续在城里寻求营生。

问：为什么新一代打工者将来不太可能从事农业劳动？

3. 互联网新经济其实是不稳定的，是依靠互联网平台爆发式的增长带来的岗位需求。万一这个平台没了，下一步怎么办？归根结底这些还是属于服务行业，不算实体经济，门槛也不高。这部分群体将来能有什么技能，还很难说。目前，外卖、快递的不低碳与滴滴的安全问题已被关注。一旦有了行业约束和洗牌后，平台的动向和岗位需求还很难说。

问：对于打工者从事送外卖、送快递等新经济领域的工作，张林秀持什么态度？

4. 以韩国和墨西哥为例。韩国顺利完成了从低工资收入到高工资收入的转型，跨越了"中等收入陷阱"，成为发达国家，但墨西哥却没有，很重要的原因在于教育差异。在韩国，上世纪80年代，无论在城市还是乡村，几乎每个学生都完成了高中教育，在经济开始转型时，较高素质的劳动力能够胜任经济和岗位升级的需求。而在墨西哥，城乡教育差距明显，在农村只有40%的孩子上高中，城里有70%～80%，这些劳动力难以适应经济和岗位升级的需求和挑战，最终墨西哥没能跨越这个陷阱。

问：张林秀认为韩国和墨西哥出现发展差异的重要原因是什么？

5. 实证研究也表明，教育对劳动力转移的工资、职业代际流动影响也很大，受过更高教育的劳动力，小时工资也更高，职业更好。教育无用论是很容易打脸的。一个没有接受高中及以上教育的工人往往会有读写困难，基本不懂英文，缺乏计算机技术等基本技能，很难适应经济转型需求。

问：在经济转型的大背景下，为什么“教育无用论是很容易打脸的”？

延伸阅读

农民工的纠结与转变

“十一”国庆假期，北京早晨的气温骤降，但是西城分局厂桥派出所的户籍大厅外排满了前来咨询和办理居住证的人。来自河北石家庄的农民工老张排在队尾，虽然捧着暂住证、身份证等一大堆证件的双手冻得通红，但脸上充满了笑容：“有了居住证，我在北京可以买房，孩子可以在北京上学，不用带女儿回老家了。”

统计显示，2015 年，全国农民工总量达 2.8 亿人，比上年增长 1.3%。随着全国大多数省份出台户籍改革方案，一些农民工看到了留城希望，一些农民工则选择返乡创业。留下还是回乡？农民工艰难地适应着……

户籍改革
让进城农民工安心留城

老张来北京打工已经 10 年，做小时工的他现在每个月收入有将近 5000 元，此前，他总是觉得自己老了干不动了就会一无所有，所以拼命接活儿。“以前，来北京打工的老乡告诉我，想要留在北京太难了，房子、孩子上学等都是迈不过去的坎；现在，我看到了希望。”

老张说的居住证，作用可不小。根据北京市 9 月 19 日出台的《关于进一步推进户籍制度改革的实施意见》，符合条件的外地户籍来京人员，可以申领《北京市居住证》。居住证持有人依法享有劳动就业、参加社会保险、缴存提取和使用住房公积金等权利，按照规定享有义务教育、基本公共就业、基本公共卫生和计划生育、公共文化体育、法律援助等基本公共服务。

10 月 1 日起，北京正式实施居住证制度，346 个户籍派出所开始受理来京人员申领北京市居住证业务；10 月 8 日起，居住登记卡业务开始由各流动人口管理工作站办理，标志着北京实施了 31 年的暂住证制度彻底退出历史舞台。整个“十一”期间，前来办理居住证的来京人员达 2.29 万人。

不仅是北京，截至目前，全国30个省（区、市）均已出台户改方案，且全部取消农业户口，标志着在中国存在半个多世纪的“城里人”和“乡下人”二元户籍制度退出历史舞台，一系列相应政策红利也正在释放。

让孩子在城里上学，是很多农民工扎根城市的重要原因。国家发展改革委公布的数据显示，去年，进城务工人员随迁子女达1367万。长期在武汉街头卖红薯的湖北枣阳农村居民徐军胜，尽管户口仍然在枣阳农村，但已把女儿从农村老家接到武汉读书。“女儿户口也在农村，刚过来的时候，觉得能在武汉找个农民工子女学校读书就不错了，没想到办了居住证后，女儿被分配到公办学校，后来还考上了洪山区的重点中学。”

城市漂泊
新生代农民工知难而退

很多新生代农民工对于前往大城市的目的则十分简单——挣钱。

每天早上7点半，在广东省汕头市某五金工厂打工的23岁普通女工小陈都会准时叫醒丈夫。这样的生活周而复始，他们已经坚持3年。

小陈和她的丈夫都是来自贵州省黔西南秧木村的村民，因打工而结识，并已育有两个孩子。虽然在汕头已居住3年，他们却从未想过在这里落户或者定居，甚至连小孩都没接来住过。

小陈说，她和丈夫的工作并不稳定，而且时间长，根本无暇照顾孩子。汕头的消费水平、孩子的教育费用、生活成本更是超出了他们的经济能力。

有调查显示，在中国2.8亿农民工中，有过半像小陈夫妇这样的农民工盼望能在城里安家，但是，其中的难题让他们只能选择知难而退。

工作和收入不稳定是个“拦路虎”。据小陈了解，她的老乡多在销售、餐饮、保安等行业之间游走。“很多人并不愿意做我现在的工作，认为既累又没有前途，往往做一两年就改行。”

因此，挣钱回乡成了很多新生代农民工的目标。“我们现在的想法就是趁年轻在汕头多挣点钱，过几年就回家，把造房子的贷款还清，再做点小买卖。”小陈说，村里和他们一起出来打工的有二三十人，大家的想法都和她差不多，之前出来打工的有些已经回到乡里，买了房，做起小买卖，有的又开始种田种地。

有调查显示，城市中农民工及其家属的社会保障覆盖水平大约仅为城市户籍人口的1/10。“要让城乡二元结构彻底作古，各地户籍新政仅仅是第一步。”农村问题研究专家、哈尔滨工业大学管理学院副教授林亦府认为，农民工融入城市是一个可持续发展问题，包括教育培训、工作机会、社会帮扶等。只有相关的配套政策、体制机制健全了，农民工才能真正融入城市。

返乡创业
农民工演绎“凤还巢”

“外出打工千般好，不能照顾小和老。”说起回乡创业的原因，曾到福建、广东等省打工的农民工邵虎坦言完全是为了孩子。“我出去打工后，女儿一直留守在家里，跟爷爷奶奶过。前年春节回家，女儿三四天都不愿意喊‘爸爸’，后来好不容易喊出口了，结果没两天我又外出了。”这件事深深刺痛了他。

4年前，邵虎带着打工攒下的30多万元，回到家乡贵州省兴义市。经过当地政府的创业培训，他在当地万峰林风景区开了一家名为黔康蓝莓庄园的农家乐，并试验性种植蓝莓300多株。目前，黔康蓝莓庄园经济效益十分可观，农家乐和蓝莓销售年毛收入达40余万元。

“新的国际经济环境正催生以浙江、广东、江苏等为代表的沿海发达地区的劳动密集型、资源密集型产业转型、转移，大量曾经作为沿海经济发展生力军的内地农民工返乡。”浙江师范大学工商管理学院副院长赵浩兴表示。统计数据显示，2015年全国返乡创业农民工人数达到242万，共创办26万多家小微企业。

（2012字，有删节）

（选自《人民日报》海外版2016年10月10日第5版，记者：彭训文）

阅读短文，判断正误

1. 住房和子女教育问题是农民工留在北京的两大难题。（　）
2. 有北京户籍的人也需要办理北京居住证。（　）
3. 北京的居住证制度已经不存在了。（　）
4. 在中国30个省（区、市）依然存在“城里人”和“乡下人”的区分。（　）
5. 很多农民工留在城市，是为了让孩子在城里上学。（　）
6. 很多农民工想在城里安家，但因困难太多，最终又回到家乡。（　）
7. 融入城市是所有新生代农民工的目标。（　）
8. 农民工融入城市是一个漫长的过程，不能一下子完成。（　）
9. 邵虎回乡创业的原因是为了实现自我价值。（　）
10. 新的国际经济环境使很多农民工返乡。（　）

词汇表

B

伴侣	bànlǚ	4
包袱	bāofu	9
包容	bāoróng	5
奔放	bēnfàng	4
贬义	biǎnyì	4
不堪	bùkān	7
不可或缺	bùkě-huòquē	1
步履	bùlǚ	5
部署	bùshǔ	5

C

采编	cǎibiān	8
沧海一粟	cānghǎi-yísù	3
参差	cēncī	8
常态	chángtài	2
倡议	chàngyì	5
超额	chāo'é	6
承接	chéngjiē	9
承载	chéngzài	3
出炉	chūlú	5
传媒	chuánméi	8
创业	chuàngyè	9
纯粹	chúncuì	10
辍学	chuòxué	10
从容	cóngróng	3
存折	cúnzhé	2

D

代际	dàijì	9
低碳	dītàn	10
颠覆	diānfù	3
电商	diànshāng	3
调研	diàoyán	9
独一无二	dúyī-wú'èr	5
独占鳌头	dúzhàn-áotóu	1
对接	duìjiē	5

E

二氧化碳	èryǎnghuàtàn	6

F

反叛	fǎnpàn	7
风口浪尖	fēngkǒu-làngjiān	2
风险	fēngxiǎn	2

G

干扰	gānrǎo	2
甘	gān	4
高人一等	gāorényìděng	8
割裂	gēliè	3
歌颂	gēsòng	4
公顷	gōngqǐng	6
功利	gōnglì	9

共识	gòngshí	5
共赢	gòngyíng	5
顾虑	gùlǜ	9
广为人知	guǎng wéi rén zhī	1
归根到底	guīgēn-dàodǐ	1
归根结底	guīgēn-jiédǐ	3
归结	guījié	9

H

洪涝	hónglào	6
互利	hùlì	5
华章	huázhāng	9
回报	huíbào	10
回流	huíliú	10
会晤	huìwù	5
混沌	hùndùn	7
货币	huòbì	1

J

基层	jīcéng	9
基因	jīyīn	5
汲取	jíqǔ	7
极端	jíduān	6
济济	jǐjǐ	8
祭祀	jìsì	3
甲烷	jiǎwán	6
艰辛	jiānxīn	9
减排	jiǎnpái	6
见仁见智	jiànrén-jiànzhì	2
践行	jiànxíng	7
僵局	jiāngjú	7
疆域	jiāngyù	5
脚踏实地	jiǎotàshídì	5
接触	jiēchù	1
节能	jiénéng	6
结算	jiésuàn	2
借词	jiècí	1
津津有味	jīnjīn-yǒuwèi	7
经由	jīngyóu	5
精简	jīngjiǎn	7
精细	jīngxì	6
精英	jīngyīng	7
窘态	jiǒngtài	7
局限	júxiàn	4

K

考量	kǎoliáng	3
可信度	kěxìndù	6
刻板	kèbǎn	4
空空如也	kōngkōngrúyě	7
苦行僧	kǔxíngsēng	7
跨度	kuàdù	10

L

累计	lěijì	6
理性	lǐxìng	4
力所不逮	lìsuǒbúdài	4
联络	liánluò	8

亮相	liàngxiàng	9
量化	liànghuà	6
凌乱	língluàn	7
漏洞	lòudòng	2

M

霾	mái	6
魅力	mèilì	3
门槛	ménkǎn	10
迷茫	mímáng	9
面世	miànshì	5
庙会	miàohuì	3
模式	móshì	2
母语	mǔyǔ	1

N

能耗	nénghào	6

P

盘点	pándiǎn	2
膨胀	péngzhàng	7
频繁	pínfán	1
频率	pínlǜ	1
平台	píngtái	3
屏蔽	píngbì	7
普查	pǔchá	6

Q

旗舰	qíjiàn	5
悄然	qiǎorán	10
切身	qièshēn	8
渠道	qúdào	2
权衡	quánhéng	8

R

融合	rónghé	1
融化	rónghuà	6
弱化	ruòhuà	1

S

扫码	sǎo mǎ	2
擅长	shàncháng	4
上市	shàngshì	8
奢侈	shēchǐ	7
身无分文	shēn wú fēnwén	2
深耕细作	shēngēng-xìzuò	5
深入人心	shēnrù-rénxīn	4
审核	shěnhé	1
渗透	shèntòu	3
生态	shēngtài	6
实体店	shítǐdiàn	2
实证	shízhèng	10
使命	shǐmìng	9
式微	shìwēi	3
试点	shìdiǎn	6
视野	shìyě	8
收益	shōuyì	8
守岁	shǒusuì	3
书香门第	shūxiāng méndì	7
枢纽	shūniǔ	5

输出	shūchū	1
束手束脚	shùshǒu-shùjiǎo	9
硕果	shuòguǒ	9
司空见惯	sīkōng-jiànguàn	8
塑造	sùzào	8
随心所欲	suíxīnsuǒyù	2

T

特立独行	tèlì-dúxíng	4
调和	tiáohé	3
跳槽	tiàocáo	8
通用	tōngyòng	1
同工同酬	tónggōng-tóngchóu	4
颓废	tuífèi	9
囤积	túnjī	7
拓宽	tuòkuān	8

W

网申	wǎng shēn	8
违背	wéibèi	4
文凭	wénpíng	8
无形中	wúxíngzhōng	4
毋庸置疑	wúyōng zhìyí	6
务工	wùgōng	10
务实	wùshí	5

X

昔日	xīrì	3
牺牲	xīshēng	4
席卷	xíjuǎn	1
洗牌	xǐpái	10
贤妻良母	xiánqī-liángmǔ	4
贤淑	xiánshū	4
显而易见	xiǎn'éryìjiàn	8
线下	xiàn xià	2
陷阱	xiànjǐng	10
效能	xiàonéng	9
效应	xiàoyìng	7
协作	xiézuò	4
心仪	xīnyí	3
新陈代谢	xīnchén-dàixiè	3
新生代	xīnshēngdài	10
虚拟	xūnǐ	2

Y

压根儿	yàgēnr	10
遥遥领先	yáoyáo-lǐngxiān	2
一目了然	yímù-liǎorán	2
一席之地	yìxízhīdì	1
意译	yìyì	1
音译	yīnyì	1
印记	yìnjì	3
应有尽有	yīngyǒu-jìnyǒu	3
优越感	yōuyuègǎn	8
预警	yùjǐng	6
原住民	yuánzhùmín	9

愿景	yuànjǐng	5

Z

造福	zàofú	5
扎根	zhāgēn	9
崭新	zhǎnxīn	5
辗转	zhǎnzhuǎn	10
辗转反侧	zhǎnzhuǎn-fǎncè	7
障碍	zhàng'ài	2
直译	zhíyì	1
质问	zhìwèn	3
窒息	zhìxī	7
众筹	zhòngchóu	3
转型	zhuǎnxíng	10
追溯	zhuīsù	4
走廊	zǒuláng	5
足不出户	zúbùchūhù	3

参考答案

第一课　这些年，我们“出口”的汉语词汇

一、猜测词义

1～5：ACBCD　　　　6～10：BDCBA

二、根据课文内容，判断正误

1～5：错对对错错　　　6～10：错对对对错

三、阅读课文段落，选择正确答案

1～5：DCBAD

延伸阅读（略）

第二课　“无现金社会”离我们还有多远

一、猜测词义

1～5：CABDC　　　　6～10：ACBDC

二、根据课文内容，选择正确答案

1～5：CDABD　　　　6～10：CAADB

三、阅读课文段落，回答问题

1. 中国移动支付规模在全球遥遥领先。
2. 拒收人民币现金是不合理的。
3. 第一次革命：从物物交换到使用金属货币。
   第二次革命：从金属货币到全面纸币。
   第三次革命：从纸币向数字化转变。
4. 2个。他们的观点不一样：朱巍认为“已经不远”，而曹德旺认为“还要一段时间”。
5. 老龄人口多，技术还存在一些漏洞。

延伸阅读

1～5：错错错对对　　　6～10：错对对错对

第三课　当春节遇上互联网：是坚守传统，还是做出变革

一、猜测词义

1～5：DABCA　　　　6～10：DABAC

二、根据课文内容，判断正误

1～5：错错对对错　　6～10：对错错对错

三、阅读课文段落，选择正确答案

1～5：BCBDA

延伸阅读（略）

第四课　“我们追求事业与家庭的平衡”

一、猜测词义

1～5：ADCCB　　6～10：ADCAB

二、根据课文内容，选择正确答案

1～5：ACABD　　6～10：CBDAD

三、阅读课文段落，回答问题

1. 近 80% 的 95 后女性不愿意只做“贤妻良母”。
2. 95 后女生希望找到家庭和事业的平衡点。
3. 李涛从社会学、心理学两个角度进行分析。
4. 95 后男生对“贤妻良母”的不同看法。
5. 男性和女性并不必然要固定地承担某一角色，而是应该相互协作、各自发挥自己的优势。

延伸阅读

1～5：错错对对错　　6～10：对错错对对

第五课　生逢其时的“一带一路”

一、猜测词义

1～5：ADCBA　　6～10：BABCD

二、根据课文内容，判断正误

1～5：对对错错对　　6～10：对错错对错

三、阅读课文段落，选择正确答案

1～5：ACDCB

延伸阅读（略）

第六课　气候变化　中国如何应对

一、猜测词义

1 ～ 5：DABCC　　　　6 ～ 10：DBBDA

二、根据课文内容，选择正确答案

1 ～ 5：DADCB　　　　6 ～ 10：DACBD

三、阅读课文段落，回答问题

1. 近百年来，全球气候在持续变暖。
2. IPCC 的评估报告既明确了人类活动与气候变化之间存在的因果关系，又对人类活动对气候变化的实际影响做出了量化分析。
3. 全球气候变暖将进一步增大自然生态系统和人类社会面临的风险，还将产生新的风险。
4. 气候安全是我国粮食安全、水资源安全、生态安全以及国家安全的重要前提，是应对气候变化和防灾减灾的重要基础。
5. 在节能减排方面，中国正在行动，并取得了显著效果。

延伸阅读

1 ～ 5：对对错错对　　　　6 ～ 10：错错对对错

第七课　繁华过后是极简

一、猜测词义

1 ～ 5：BCADA　　　　6 ～ 10：DBCAD

二、根据课文内容，判断正误

1 ～ 5：对错错对错　　　　6 ～ 10：错错对对错

三、阅读课文段落，选择正确答案

1 ～ 5：DBACA

延伸阅读（略）

第八课　“90 后”海归如何给自己打分

一、猜测词义

1 ～ 5：DCABC　　　　6 ～ 10：CBDBA

二、根据课文内容，选择正确答案

1 ～ 5：BCACD　　　　6 ～ 10：DABDC

三、阅读课文段落，回答问题

1. 海归身份并不会给自己带来优越感，在工作中还是注重个人能力。
2. 海归只表示有留学背景。
3.（1）拓宽了视野，重新塑造了对世界的认知和看法
（2）增强了独立生活的能力以及快速适应新环境的能力
（3）形成了新的思考问题的方式方法
4. 在工作中调整目标，同时不断学习新的东西。
5. 放弃收益可观但是人员流动性大的游戏公司，重新选择了一家更加稳定的科研机构。

延伸阅读

1～5：对错错对错　　6～10：对对错错错

第九课　中国“90后”登台亮相

一、猜测词义

1～5：DBABC　　6～10：CDDAB

二、根据课文内容，判断正误

1～5：错错对错对　　6～10：错错对错对

三、阅读课文段落，选择正确答案

1～5：ACDBA

延伸阅读（略）

第十课　新打工一代：“30岁以下年轻人几乎不再务”

一、猜测词义

1～5：BDACB　　6～10：ACDCA

二、根据课文内容，选择正确答案

1～5：DBABC　　6～10：CDADC

三、阅读课文段落，回答问题

1. 任何国家在发展初期，农业人口都占据了大部分，而当经济发展、收入增长时，农业人口开始降低，从乡村转移到城镇，就业从农业部门转到非农业部门。最典型的例子有韩国和新加坡。
2. 第一，他们对土地没有感情基础，老一代人还有些感情基础；第二，农业生产

的回报率相对很低，他们也更缺乏农业技巧，不会种地了。

3. 张林秀表示担忧，因为外卖、快递等工作属于服务行业，门槛不高，不稳定。
4. 教育差异。（或者：韩国较高素质的劳动力能够胜任经济和岗位升级的需求，墨西哥的劳动力因城乡教育差距大而难以适应经济和岗位升级的需求和挑战。）
5. 一个没有接受高中及以上教育的工人往往会有读写困难，基本不懂英文，缺乏计算机技术等基本技能，很难适应经济转型需求。

延伸阅读

1～5：对错错错对　　6～10：对错对错对